Hohenheim

● ● ●

Hugo Rupf

VOM GLÜCK VERWÖHNT

Ein Leben für Voith

Bearbeitet von
Hans Otto Eglau

Hohenheim Verlag
Stuttgart · Leipzig

Die Deutsche Bibliothek – CIP Einheitsaufnahme
Ein Titeldatensatz für diese Publikation ist bei der
Deutschen Bibliothek erhältlich

© 2001 Hohenheim Verlag GmbH, Stuttgart · Leipzig
Alle Rechte vorbehalten

Das Papier für dieses Buch (Scheufelen BVS-Plus) wurde auf einer
Voith Papiermaschine gefertigt

Satz- und Reproarbeiten: Hahn Medien GmbH, Kornwestheim

Druck: Ludwig Auer, Donauwörth
ISBN 3-89850-009-8

Inhalt

Vorwort

Das vorliegende Buch hatte Hugo Rupf sich als Aufgabe gestellt für die Zeit seines Ruhestandes, als er schließlich auch aus Gesellschafterausschuß und Aufsichtsrat der Firma J.M. Voith GmbH ausschied, deren Vorsitzender er bis zu seinem 75. Lebensjahr gewesen war.

Der Titel beschreibt sehr treffend das außergewöhnliche Leben eines begabten Unternehmers, der, wie er selbst im Buch vermerkt, in merkwürdiger und man kann sagen gradliniger Weise vom Schicksal in dieses Unternehmen geführt wurde, in dessen über 130jähriger Geschichte er eine so bedeutende Rolle spielte. Er war der erste Unternehmensleiter, der nicht mehr Familienmitglied war, sich jedoch so eng mit der Familie Voith verband, daß man das leicht vergessen konnte. Er wirkte wie ein Sohn oder jüngerer Bruder der Brüder Voith, wobei ihn mit Hermann und Hanns Voith auch eine tiefe und treue Freundschaft verband. Er sorgte nach deren Tod wie ein Vater für die acht Töchter und setzte die Freundschaft vor allem mit den beiden Ältesten fort. Als treuer Ekkehardt kümmerte er sich nicht nur um das Wohlergehen des Unternehmens, sondern diente auch in selbstloser Liebe der Familie, für deren finanzielle Sicherheit er sich viele Jahre lang verantwortlich fühlte.

Mehr als die halbe Zeit seines eigentlichen unternehmerischen Wirkens in der Unternehmensspitze, welches 1950 begann, nachdem sein Vorgänger als kaufmännischer Leiter in den Ruhestand gegangen war, herrschte er als unumschränkte Autorität im Hause Voith. Hanns Voith starb Anfang 1971, hatte ihm jedoch schon lange vorher praktisch die Führung übergeben. So wurde durch ihn die Stimmung und Struktur einer von selbständigen Unternehmern geführten Firma weit über den letzten Voith hinaus erhalten. Er bestimmte den Ton für seine Nachfolger in der obersten Führung dieses Familienunternehmens und bewies den jüngeren Gesellschaftern, daß man sehr wohl ein Familienunternehmen bleiben kann, auch wenn die Unternehmensleitung angestellt ist. Dies ist häufig ein Zeitpunkt, an dem in vielen Fällen das Unternehmen von der Familie verkauft wird – oft nicht zu dessen Vorteil.

Was ich besonders an Hugo Rupf bewunderte, war seine unbedingte Integrität und hohe Moralität. Das Idealbild des königlichen Kaufmanns im alten Sinne verkörperte er in perfekter Form. Dabei war er im Wirtschaftsleben nicht nur in Deutschland, sondern in vielen Ländern der Erde umgeben von Beispielen, wie man Macht und Geld zum Nachteil anderer zu persönlicher Bereicherung ausnützen kann. Ich erinnere mich gut an sein besonderes Lächeln, teils abschätzig, teils auch fasziniert davon, wie anders die Moral mancher Menschen funktioniert, wenn zum Beispiel über die sogenannten „nützlichen Abgaben" gesprochen wurde.

Es erschien mir, daß seine geradezu instinktive Sicherheit in den vielen, wichtigen und erfolgreichen Entscheidungen zum Wohle des Unternehmens die Grundlage in seiner unbedingten moralischen Einstellung hatte. Seine vielen Ehrungen erfüllten ihn mit großer Genugtuung, aber er sagte oft, daß ihm das Glück hold war und es in seinem Schicksal lag, wie ihm einmal ein Astrologe bestätigte, daß seine Entscheidungen meist von Erfolg gekrönt waren.

Er prägte uns nicht nur durch Worte, sondern auch durch Taten immer wieder ein, wie wichtig es ist, die Firma als Familienunternehmen zu erhalten. Als er aber zu spüren vermeinte, daß die Familie das in Harmonie und

Einheitlichkeit nicht durchhalten konnte, war er nüchtern genug, sich auch für einen Verkauf einzusetzen, um das Unternehmen als Ganzes zu erhalten. Wegen der Uneinigkeit der Familien kam es aber nicht dazu. Die Realteilung unter den zwei Familienstämmen einige Jahre später war für ihn eine tiefe Enttäuschung und bereitete ihm größten Schmerz, aber er durfte in den letzten Jahren noch erleben, daß die verbliebene Familie seine Lehre beherzigte und die Treue zum Unternehmen wirklich bewahren will.

Hugo Rupfs Lehrjahre lagen in den zwanziger Jahren im Bankwesen während der Inflationszeit und als Student in Frankfurt am Main. Nach seinen Wanderjahren in Heidenheim während der Wirtschaftskrise der frühen dreißiger Jahre und im Berlin unter der NS-Herrschaft begannen seine Meisterjahre in der Nachkriegszeit. Diese kraftvolle Persönlichkeit konnte ihre Begabung, ihr Können und ihre Erfahrung dem Wiederaufbau widmen – nicht nur der eigenen Firma, sondern auch der deutschen Wirtschaft als Ganzem. Damit stellt dieses Buch ein Stück Zeit-, Wirtschafts- und Sozialgeschichte Deutschlands dar. Es zeigt am Beispiel eines mittelständischen deutschen Unternehmens, wie ein tüchtiger weitsichtiger Unternehmer den Weg für die heutige Weltwirtschaft bereitete, ohne die bewährten Prinzipien der finanziellen Vorsicht, der Erhaltung von Arbeitsplätzen sowie der Unabhängigkeit der Firma je aus den Augen zu verlieren.

Martina Mann geborene Voith

Verleihung des Großen Verdienstkreuzes des Verdienstordens der Bundesrepublik Deutschland am 10. Oktober 1958.

... 10 ...

1. Aufbruch in eine bewegte Zukunft

Jugend- und Lehrjahre im „Oberschwäbischen Athen"

Daß ich als Sonntagskind auf die Welt gekommen bin, hatte schon etwas mit Voith zu tun. Mein Vater, der bei den Stadtwerken Stuttgart arbeitete, war damals, im Sommer 1908, Bauleiter des Neckar-Wasserkraftwerkes Poppenweiler bei Ludwigsburg. Natürlich war dieses seinerzeit zu den modernsten Anlagen seiner Art zählende Kraftwerk mit Voith-Turbinen ausgerüstet. Daheim in Stuttgart sah meine Mutter derweil der Geburt ihres zweiten Kindes entgegen. Eines Sonntags entschloß sie sich, ihren Mann in Poppenweiler zu besuchen. Die Fahrt mit der Postkutsche scheint meiner Mutter und mir so gut bekommen zu sein, daß sich das freudige Ereignis früher als erwartet ankündigte. Und so wurde ich am 12. August 1908 in einem kleinen, unscheinbaren Gasthof in Poppenweiler geboren. Wie mir meine Eltern später erzählten, mußte die Hebamme, die im Ernteeinsatz war, in aller Eile vom Feld geholt werden.

Trotz des mir also durch eine Laune des Schicksals vorherbestimmten Geburtsortes Poppenweiler habe ich jedoch zeitlebens Biberach als meine Heimatstadt betrachtet. Hier bin ich aufgewachsen, hier hatten sich einst meine Eltern kennengelernt. Mein Vater Matthäus Rupf, Sohn eines Maurermeisters, hatte nach dem Besuch der

Realschule im elterlichen Geschäft gelernt und anschließend an der Staatsbauschule Stuttgart, der damaligen Königlichen Baugewerksschule, im Jahre 1900 die Baumeisterprüfung und wenig später die Wasserbautechnikerprüfung abgelegt. Ein halbes Jahr nach meiner Geburt berief ihn die Stadt Biberach/Riß zum Leiter ihres Bauamtes. Meine Mutter, Walburga Rupf, entstammte einem großen Bauernhof in Äpfingen bei Biberach. Sie war eine treusorgende, fromme Frau, die ihr Leben ganz in den Dienst ihrer Familie stellte.

Biberach an der Riß, einem Zufluß der Donau, war zu diesem Zeitpunkt noch ein beschauliches Städtchen von nicht einmal neuntausend Einwohnern. Seine Bürger durften sich in dem stolzen Gefühl sonnen, in traditionsreichen Mauern zu leben. Schon im Jahre 1170 wurde Biberach königliche Münzstätte, erhielt bald danach die Stadtrechte und wurde früh Freie Reichsstadt und damit dem Kaiser direkt unterstellt. Dank dieses Privilegs erlebte die Stadt eine ungeahnte wirtschaftliche Blüte. Davon zeugt noch heute eine Reihe historischer Bauwerke, wie etwa die beiden Rathäuser, das Spital und die Reste der Stadtmauern und deren Türme.

Während der Reformation wurde Biberach zunächst evangelisch und den Katholiken die katholische Messe 1531 sogar verboten. Doch siebzehn Jahre später erhielten die wenigen Bürger, die trotz allem am alten Glauben festgehalten hatten, das Recht zurück, den katholischen Gottesdienst wieder abzuhalten. Seitdem steht die Biberacher Stadtpfarrkirche beiden Konfessionen zur Verfügung.

Dagegen wurden die Toten Jahrhunderte hindurch, getrennt nach ihrem Glaubensbekenntnis, auf zwei verschieden gelegenen Friedhöfen der Stadt beerdigt. Darum: Die Lebenden müssen miteinander auskommen, nur die Toten vertragen sich nicht. Nach dem Westfälischen Frieden ordnete eine Kaiserliche Exekutionskommission sogar die paritätische Besetzung aller Ratsstellen und Ämter an. So hatte Biberach lange Zeit zwei Bürgermeister: einen evangelischen und einen katholischen. Dieser konfessionelle Proporz setzte sich sogar bis ins Vereins- und Clubleben der Stadt fort. Noch während meiner Kindheit mußte, wenn der erste Vorsitzende des Fußballvereins oder der Turngemeinde ein Katholik war, sein Stellvertreter evangelisch und der Kassierer nach Möglichkeit wiederum katholisch sein. Mir war diese Vergabe von politischen und vereinsinternen Ämtern nach dem Gesangbuch immer zutiefst zuwider. Doch in Biberach war dieses Denken in religiösen Lagern nun einmal Tradition. Ich erinnere mich noch gut an einen Ball, bei dem mich meine Mutter in fast vorwurfsvollem Ton fragte: „Du hast ja mit der Traudel getanzt, weißt du denn nicht, daß sie evangelisch ist?" Ich wußte nur, daß sie ein sehr attraktives, nettes Mädchen war. Als ich später zum Studium nach Frankfurt ging, habe ich es denn auch bewußt vermieden, wie es der Brauch war, in eine katholische Verbindung einzutreten und bin statt dessen Corpsstudent geworden.

Daß sich Biberach einer großen kulturellen Vergangenheit rühmen kann, ist vor allem seinem großen Sohn Christoph Martin Wieland zu verdanken. Der spätere enge Freund Goethes nannte seine Stadt schwärmerisch „Oberschwäbisches Athen" und war zeitweilig Biberachs Stadtschreiber. Theater- wie literaturhistorisch interessant ist, daß unter seiner Leitung 1761 erstmals in deutscher Sprache ein Shakespeare-Drama aufgeführt wurde. Wieland, selbst ein bedeutender Shakespeare-Übersetzer, brachte das Spätwerk „Der Sturm" mit der von ihm selbst gegründeten Biberacher „Kommödiantengesellschaft" auf die Bühne. Dieses zu den ältesten Laienspielgruppen Deutschlands zählende Ensemble existiert bis heute als freie Schauspielvereinigung und zieht mit seinen Inszenierungen alljährlich ein großes Publikum in seinen Bann.

Für uns Kinder war das regelmäßig am ersten Montag und Dienstag im Juli stattfindende Schützenfest neben Weihnachten unbestrittener Höhepunkt jeden Jahres. Mit Schießen und Schützen hat das Ganze allerdings wenig zu tun, vielmehr geht der Name auf eine Schützenvereinigung zurück, die aus Dankbarkeit für die Beendigung des Dreißigjährigen Krieges ein Kinderfest veranstaltete. Es wird bis auf den heutigen Tag im Juli – inzwischen eine ganze Woche lang – gefeiert. Nicht nur den Kindern dient Biberachs größtes Volksfest als Zeitmaß aller Dinge: entweder „vor der Schützen" oder „nach der Schützen".

Ich bin in einem frommen Elternhaus aufgewachsen. Vor allem meine Mutter lebte im römisch-katholischen Glauben. Zwar wurde bei uns nicht wie bei anderen vor und nach den Mahlzeiten gebetet, meine Eltern achteten jedoch streng darauf, daß wir Kinder jeden Sonntag die Messe besuchten. Mein Vater, der in Glaubensdingen etwas freier als meine Mutter dachte, versäumte jedoch nie, als Mitglied des Kirchenstiftungsrates in der alljährlichen Fronleichnams-Prozession mitzugehen. Großes Gewicht legten meine Eltern darauf, daß neben der Schule der musische Ausgleich nicht zu kurz kam. So meinten sie, ich müßte unbedingt Geige spielen und meldeten mich bei einem Musikdirektor zum Unterricht an. Viel Talent hatte ich nicht. Vor allem das Tremolieren fiel mir äußerst schwer. Und so kam es, daß mir kein Trick zu banal war, um die verhaßten Übungsstunden zu schwänzen und mich statt dessen angenehmeren Freizeitfreuden hinzugeben. Zum Schein verließ ich zwar das Haus mit dem Geigenkasten unter dem Arm, versteckte ihn dann jedoch im Garten unter einer Tanne und schlich mich zum Fußballspielen davon. Es kam, wie es kommen mußte: Eines Tages traf mein Vater den Musiklehrer auf der Straße und fragte arglos: „Macht mein Hugo gute Fortschritte?" – „Dein Hugo, der kommt schon lange nicht mehr", lautete die niederschmetternde Antwort für meinen Vater. Soweit ich mich erinnern kann, gab es zu Hause ein paar kräftige Ohrfeigen. Doch war mein Vater Realist genug, um endlich einzusehen, daß es mit meinen musikalischen Neigungen doch nicht allzu weit her war. Von nun an konnte ich mit allerhöchster Billigung die Violine in die Ecke stellen und nach den Schularbeiten dem Ball nachjagen.

Was den Sport betrifft, hatte ich vor allem in meinem ältesten Bruder Otto ein Vorbild. Er war ein hervorragender Leichtathlet und brachte es bis zum Württembergischen Jugendmeister im Hochsprung und Kugelstoßen. Als acht Jahre später mein jüngster Bruder Walter auf die Welt kam, hat uns der Ehrgeiz gepackt, und wir wollten aus ihm so etwas wie einen Turnweltmeister machen. Der arme Kerl war noch keine zwei Jahre alt, als wir ihn schon fleißig Handstände üben ließen – mit dem Ergebnis, daß er eine sehr unangenehme Bruchoperation über sich ergehen lassen mußte. Am damaligen Biberacher Pro-Gymnasium – dem heutigen Wieland-Gymnasium – konnte man zu meiner Schulzeit nur die Obersekundareife, das sogenannte „Einjährige", erwerben. Wer es so weit gebracht hatte, brauchte nur ein Jahr zum Militär zu gehen, daher der Name „Einjähriges". Um das Abitur zu machen, mußte man aufs Gymnasium in Ravensburg oder Ulm wechseln. Mit fünf Kindern, die alle noch in der Ausbildung waren, wäre es meinem Vater als städtischem Beamten kaum möglich gewesen, das zu dieser Zeit noch zu zahlende Schulgeld aufzubringen. Die Ersparnisse, die meine Eltern vor allem in Kriegsanleihen angelegt hatten, waren durch die große Inflation praktisch zerronnen.

Vor der schwierigen Entscheidung über meine weitere Zukunft stand ich im jugendlichen Alter von vierzehneinhalb Jahren. Da mir der Weg zum Abitur aus den oben genannten Gründen verschlossen war, blieb nur eine Lehre. Ich ließ schon früh eine Affinität für Zahlen erkennen und hatte stets gute Mathematiknoten nach Hause gebracht. Deshalb entschieden meine Eltern: Der Junge geht zur Bank! So trat ich mit ungewissen Erwartungen in die Biberacher Niederlassung der Württembergischen Vereinsbank ein. Als jüngster Lehrling oder „Stift" war ich so etwas wie „Mädchen für alles". Jeden Morgen um neun mußte ich die Herren und Damen „Bankbeamte" nach ihren Wünschen für das Vesper fragen und anschließend Wurst, Laugenbrezeln und was sie sonst noch verlangten, in den umliegenden Geschäften einkaufen. Selbst am Sonntag, als die Bank geschlossen war und alle anderen Angestellten ausschlafen konnten, oblag mir eine wichtige dienstliche Verrichtung: Mit dem Fahrrad mußte ich frühmorgens zur Post fahren und aus dem Schließfach Briefe und die Zeitung holen. Damit fuhr ich dann zur Privatwohnung unseres Direktors, der um diese Zeit noch im Bett lag und mich jedesmal schon sehnsüchtig erwartete. Nach dem ersten Lehrjahr konnte ich meinen Botenjob endlich an den nächsten „Stift" übergeben.

Politisch lag Biberach in einer Art Wetterwinkel. Das unruhige Berlin war im Bewußtsein der Menschen weit weg. Überhaupt tendierten die Oberschwaben entsprechend ihrer einstigen Zugehörigkeit zur Habsburger Monarchie mehr nach Wien. Doch die Erschütterungen der Weltkriegsniederlage und die politischen Wirren beim Übergang zur Weimarer Republik, vor allem jedoch der rapide Verfall von Wirtschaft und Währung hinterließen in unserem täglichen Leben tiefe Spuren. Besonders hautnah bekamen wir die Auswirkungen der galoppierenden Inflation zu spüren. Durch die Finanzierung des Krieges mit Hilfe der Notenpresse hatte bereits vor 1918 eine Aushöhlung der Mark begonnen. Bis 1921 hatte es noch so ausgesehen, als könnten Regierung und Reichsbank die Talfahrt stoppen, doch dann setzte Mitte des Jahres 1922 und vor allem im Sommer 1923 ein unaufhaltsamer Währungsverfall ein.

Dazu trug außer der aufgeblähten Geldmenge zunehmend auch die beschleunigte Umlaufgeschwindigkeit des Geldes bei. Jeder versuchte, Lohn oder Gehalt möglichst sofort wieder auszugeben, da das Geld schon am nächsten Tag weniger wert war.

Ich erinnere mich, daß ich schon als Lehrling jeden zweiten Tag von der Bank einen Vorschuß erhielt, um mit dem Inflationstempo einigermaßen Schritt zu halten. Auf diese Weise stand ich als junger Lehrling besser da als mein bedauernswerter Vater, der als städtischer Baurat sein Gehalt nach wie vor erst am Monatsende erhielt und mit seinem völlig inflationierten Geld kaum noch etwas kaufen konnte. Kostete Anfang Oktober ein Brötchen „nur" 1,3 Millionen Mark, so verlangte der Bäcker einen Monat später schon 500 Millionen. Die ins Uferlose steigenden Reparationsforderungen der Siegermächte und die Folgen der Rheinland-Besetzung durch die Franzosen beschleunigten den Infarkt der Mark zusätzlich. Zur Durchführung der fieberhaft vorbereiteten Währungsreform wurde der Bankier Hjalmar Schacht berufen. Es entstand die neue Rentenmark, die durch eine Hypothek auf Land- und Industriebesitz gedeckt war und bald Anerkennung als Zahlungsmittel fand.

Mitten während meiner Lehrzeit wurde die Württembergische Vereinsbank von der Deutschen Bank übernommen. Beide Institute waren seit langem freundschaftlich miteinander verbunden und kooperierten auf vielen Gebieten. Für mich hatte diese Fusion unangenehme Konsequenzen, denn die Biberacher Zweigniederlassung der Vereinsbank wurde aufgelöst. Man bot mir an, meine Lehre in einer der beiden Zweigstellen Ulm oder Ravensburg fortzusetzen, doch konnten sich meine Eltern mit diesem Gedanken ganz und gar nicht befreunden. Immerhin war ich, um aus dem Hause zu gehen, mit fünfzehneinhalb Jahren noch recht jung. Statt dessen entschieden sie, daß ich zur Gewerbebank Biberach, der heutigen Volksbank Biberach, wechseln sollte.

Für die Banken war die Zeit nach der Schachtschen Währungsreform besonders schwierig. Wir hatten im Oktober 1923 in Deutschland Zinssätze von 40 Prozent und mehr. Für Festgelder erhielten Anleger 35 Prozent und weniger. Die Biberacher Privatbank Graner & Co., ein alteingesessenes Institut, warb in Zeitungsanzeigen damit, daß es Festgelder ein Prozent höher als die Gewerbebank und die damalige Oberamtssparkasse, die heutige Kreissparkasse Biberach, verzinse. Beide Häuser zogen am anderen Tag sofort mit ihren Konditionen nach. Im Unterschied zum Bankhaus Graner, das seinen Anlegern bis zu drei Jahren feste Konditionen bot, waren Gewerbebank und Oberamtskasse jedoch so vorsichtig, sich nur zwei Monate zu binden. Die Verhältnisse normalisierten sich denn auch schnell wieder, so daß schon im Frühjahr 1924 die Zinsen ihr früheres niedrigeres Niveau erreicht hatten. Graner aber saß auf seinen tödlichen Festgeld-Engagements und steuerte unausweichlich in sein Verderben. In seiner Ausweglosigkeit setzte der einer Patrizierfamilie entstammende Inhaber seinem Leben selbst ein Ende. Außer dem Bankhaus Graner brach in den Turbulenzen von Inflation und Währungsreform in Oberschwaben etwa ein Dutzend weiterer Privatbanken zusammen. Die Gewerbebank Biberach hatte das große Glück, von der Zentralgenossenschaft in Stuttgart so ausreichend mit Geld versorgt zu werden, daß sie ohne größere Liquiditätsprobleme über die Runden kam.

Das Bankfach von der Pike auf gelernt zu haben, war mir bei meinen späteren kaufmännischen Aufgaben stets eine große Hilfe. In einer Provinzstadt wie Biberach wurden zwar keine großen Finanzgeschäfte abgewickelt, aber in der Bearbeitung der alltäglichen Bankvorgänge gewann ich schnell die nötige Routine. Jeder Mitarbeiter hatte einen bestimmten Teil der Kundschaft zu bedienen, der allwöchentlich nach Anfangsbuchstaben eingeteilt wurde. Vor allem trainierte ich meine Fähigkeit im Kopfrechnen. Ich war hierin bald so geübt, daß ich Zinsen schneller errechnen konnte als mein Kollege, der sich hierbei einer der üblichen kleinen Drehmaschinen bediente.

Nach erfolgreich beendeter Lehre ergab sich für mich die Frage, was ich künftig tun sollte. Mir war klar, daß eine Bankausbildung, wie ich sie erhalten hatte, für weitergesteckte berufliche Ziele kaum ausreichen würde. Auf der anderen Seite war ich mit 17 Jahren in den Augen meiner Eltern immer noch zu jung, um schon von zu Hause wegzugehen und in einer anderen Stadt zu studieren. Und da ich keinen Militärdienst leisten mußte – nach dem Ersten Weltkrieg gab es in Deutschland zunächst noch keine allgemeine Wehrpflicht –, lag es für mich nahe, erst einmal bei der Gewerbebank Biberach zu bleiben.

Da ich wie bisher bei meinen Eltern wohnte, konnte ich von meinem Anfangsgehalt von 150 Mark pro Monat einen Teil für mein Studium zurücklegen. Dies war auch nötig, denn das Gehalt meines Vaters reichte kaum aus, um allen fünf Kindern – vier Söhnen und einer Tochter – eine aufwendige Ausbildung zu bezahlen. Wenn mein Vater gefragt wurde, wie viele Kinder er habe, pflegte er scherzhaft zu antworten: Ich habe vier Buben, und jeder hat eine Schwester. Über die irritierte Reaktion seines Gegenübers konnte er sich dann köstlich amüsieren. Mein älterer Bruder Otto absolvierte eine Schlosserlehre und wollte danach an die Ingenieurschule Esslingen gehen. Nach dem Krieg war aber der Ansturm auf die Ingenieurschule so groß, daß er zunächst weitere drei Jahre als Schlosser hätte arbeiten müssen. Das jedoch wollte er nicht. Und so entschloß er sich, in dieser Zeit sein Abitur zu machen, zumal inzwischen das Gymnasium in Biberach zur Vollanstalt ausgebaut wurde, um anschließend in München Maschinenbau zu studieren. Als Diplom-Ingenieur ging er zunächst für zwei Jahre zur Papierfabrik in Baienfurt, bei Ravensburg gelegen. Später trat er bei den Leuna-Werken ein, flüchtete aber dann nach der russischen Besetzung nach Stuttgart und trat bei den Stadtwerken Stuttgart in leitender Stellung ein. Da seine erste Frau 1944 verstarb und ihm einen kleinen Jungen hinterließ, heiratete er nach der Übersiedlung von Leuna nach Stuttgart eine Tochter des bekannten letzten Staatspräsidenten von Württemberg, Eugen Bolz, der im Zusammenhang mit dem Attentat auf Hitler am 20. 07. 1944 noch im Februar 1945 enthauptet wurde.

Mein jüngerer Bruder Alfred studierte Jura und trat nach seiner Promotion für zwei Jahre als juristischer Referent bei der Firma Voith ein und wechselte dann in die Finanzverwaltung. Mein jüngster Bruder Walter hatte nach dem Abitur zwei Jahre Arbeitsdienst zu leisten und wurde anschließend zur Wehrmacht eingezogen. Nach Rückkehr aus französischer Gefangenschaft studierte er in Karlsruhe Maschinenbau und trat dann in die Dienste der EVS (Energie-Versorgung Schwaben) in Biberach. Meine Schwester Helene starb schon in jungen Jahren.

Inzwischen war ich 19 Jahre alt geworden und entschlossen, die Gewerbebank Biberach zu verlassen, um an der Universität in Frankfurt Betriebswirtschaft, Volkswirtschaft und Rechtswissenschaft zu studieren. Während der Semesterferien habe ich Urlaubsvertretungen an meiner alten Wirkungsstätte bei der Gewerbebank übernommen, um dadurch meine Finanzen etwas aufzubessern.

2. Studienjahre in krisenhafter Zeit

Frankfurt am Ende der „goldenen" Zwanziger

Nach rund fünfjähriger Bankpraxis begann ich im Sommersemester 1928 das Studium der Betriebs- und Volkswirtschaft sowie der Rechtswissenschaften an der Johann Wolfgang Goethe-Universität in Frankfurt. Bei meinem Start in die neue Lebensphase konnte ich nicht ahnen, welch turbulente Jahre uns allen bevorstanden. Noch hielt die von Gustav Stresemann gezimmerte „Große Koalition" der Mitte die extremen Gruppierungen von rechts und links auf Distanz. Noch zeigten sich am Horizont der Weltwirtschaft keine dunklen Wolken. Doch mit dem „Schwarzen Freitag" an der New Yorker Börse im Oktober 1929 begann das Unheil seinen Lauf zu nehmen. Innerhalb einer Woche wurden die Verluste an der Wallstreet auf 50 Milliarden Dollar beziffert.

Auch politisch standen jetzt die Zeichen auf Sturm. Zehn Tage vor dem Börsenkrach war Gustav Stresemann gestorben; im Frühjahr 1930 brach das von ihm zusammengehaltene Bündnis der Mitte aus Zentrum und SPD auseinander. Heinrich Brüning wurde Reichskanzler. Der „strenge, asketische Freund wissenschaftlicher Ökonomie" (so der Historiker Golo Mann) suchte sein Heil in einer radikalen, deflatorisch wirkenden Stabilitätspolitik. Auf dem Höhepunkt der Weltwirtschaftskrise stellte die

Darmstädter- und Nationalbank, die sogenannte Danat-bank, damals eines der größten Geldinstitute des Deutschen Reiches, am 13. Juli 1931 die Zahlungen ein. Für zwei Tage wurden alle deutschen Banken geschlossen. Die Zeit wurde für ein fieberhaftes Krisenmanagement zwischen Banken und Reichsregierung genutzt. Die Reichsbank setzte den Diskontsatz auf 15 Prozent und den Lombardsatz sogar auf 20 Prozent herauf. Ein Stillhalteabkommen für alle kurzfristigen Auslandskredite räumte der Wirtschaft die Chance ein, sich wieder zu fangen.

In Berlin konnte nur noch durch Notverordnungen des Reichspräsidenten von Hindenburg regiert werden. Parlamentarische Mehrheitsbeschlüsse brachten die völlig zerstrittenen Parteien immer seltener zustande. Mit dem Sturz der Regierung Brüning am 30. Mai 1932 begann die letzte Phase der Auflösung der Weimarer Republik. Für einen jungen Studenten der Betriebs- und Volkswirtschaftslehre gab es durch die krisenhafte politische und wirtschaftliche Entwicklung also genügend praktischen Anschauungsunterricht.

Anders als in Berlin, wo sich SA und Rotfront blutige Straßenschlachten lieferten, spürte man in Frankfurt längst nicht soviel von der dramatischen Zeitenwende. Dennoch waren auch hier die Begleiterscheinungen der weltweiten Wirtschaftskrise unübersehbar. Vor allem die reale Not der Arbeitslosigkeit machte den Menschen zu schaffen. Ohne eine mit unserem heutigen Sozialsystem zu vergleichende Absicherung gegen die Folgen der Entlassung zu haben, waren sie bereit, jede Tätigkeit anzunehmen. Menschen, die an ihrem Körper ein großes Schild mit der Aufschrift „Suche Arbeit" trugen, gehörten zum alltäglichen Straßenbild. Eine andere Seite der verbreiteten Armut war, daß viel mehr Vermieter als heute möblierte Zimmer anboten. Eine Studentenbude zu finden war kein Problem. Im Vertrauen darauf, daß das Angebot reichhaltig war, zog man nach dem Ende des Semesters einfach aus und suchte sich nach den Ferien eine neue Bleibe.

Obwohl beide führende Wirtschaftsmetropolen, unterschieden sich Frankfurt und Berlin, wohin mich mein beruflicher Weg später führen sollte, grundlegend voneinander. Frankfurt war aufgrund seiner zentralen Lage schon im Mittelalter ein europäischer Handelsplatz, Berlin dagegen noch ein unbedeutender Flecken Brandenburgs. Schon früh etablierte sich am Main ein hochentwickeltes Finanzwesen. Privatbanken wie Metzler, Rothschild und Bethmann standen in höchster Blüte, lange bevor die heutigen Großbanken entstanden. Die Reichsgründung durch Bismarck und der Aufstieg Deutschlands zu einer europäischen Großmacht mit der Hauptstadt Berlin verschoben im letzten Drittel des vorigen Jahrhunderts allerdings die Gewichte zwischen beiden Städten.

Frankfurt blieb eine Kaufmannsstadt ohne die strengen Züge Berlins mit seiner Repräsentationsarchitektur. Der Maler Max Beckmann, der bis zu seiner Vertreibung durch die Nazis die Frankfurter Städel-Schule leitete, rühmte die für die Stadt typische Mischung aus „modernem Großstadtbetrieb und der altertümlichen Enge". Noch heute begegnet man in Frankfurt an einigen Stellen dem schroffen Nebeneinander von modernen Hochhäusern und verspielten Bürgerhausfassaden. Anders in Berlin, dessen Aufstieg mit der Gründung der großen Aktiengesellschaften zeitlich zusammenfiel, beherrschten in Frankfurt zu einem großen Teil mit der Stadt durch Tradition verbundene Unternehmer mit Bürgersinn und mäzenatischen Ambitionen die Szene. Diesem Mäzenatengeist verdankt vor allem die Frankfurter Universität ihre Entstehung. Sie wurde als reine Stiftungseinrichtung gegründet, an der vor allem Wilhelm Merton, der Gründer der Metallgesellschaft, maßgeblichen Anteil hatte. Im Oktober 1914 nahm sie dank großzügiger Unterstützung weiterer Stiftungen ihren Lehrbetrieb auf.

Als ich mein Studium begann, waren in Deutschland außer Frankfurt Köln und Leipzig die wirtschaftswissenschaftlichen Hochburgen. Vor allem zwischen Frankfurt und Köln bestand eine gewisse Rivalität, personifiziert durch die beiden Bilanz-„Päpste": In Frankfurt vertrat Friedrich Schmidt, unter den Betriebswirten unserer Universität sicherlich mit Abstand der kreativste Kopf, die „organische Bilanz"; in Köln mußten die Studenten die von Ernst Schmalenbach entwickelte „dynamische Bilanz" büffeln. Der bilanztheoretische Dogmenstreit hatte vor allem durch die große Inflation 1923 und ihre Folgen für ein den wirtschaftlichen Realitäten entsprechendes Rechnungswesen der Unternehmen erheblichen Auftrieb erhalten. Bedeutende Ökonomen waren in Frankfurt außer Schmidt vor allem der Finanzwissenschaftler Wilhelm Gerloff, der Bankwissenschaftler Professor Kalveram und im Fach Außenhandelslehre der von der Welthandelshochschule Wien an die Frankfurter Universität berufene Professor Hellauer.

In Frankfurt waren zu meiner Zeit etwa viertausend Studenten immatrikuliert. Davon gehörten allein rund ein Viertel der Sozialwissenschaftlichen Fakultät an. Sie war damit der größte Bereich. Ihre Vorlesungen hielten die Professoren in aller Regel vor 120 bis 130 Zuhörern. Wir hätten vermutlich ungläubig gestaunt, wenn uns damals jemand prophezeit hätte, daß eines Tages aus Platzmangel Studenten auf dem Boden sitzen oder gar in einem Nebenraum vor einer Übertragungsleinwand dem Geschehen folgen müßten. Natürlich machten die vergleichsweise paradiesischen Verhältnisse, die wir erlebten, einen sehr viel engeren, persönlichen Kontakt zu den Professoren und ihren Assistenten möglich.

Obwohl ich vor meiner Banklehre in Biberach erst das

sogenannte „Einjährige" abgelegt hatte, wurde ich an der Universität zunächst einmal wie ein Vollabiturient eingeschrieben. Allerdings mußte ich nach dem vierten Semester als Ersatz für das Abitur eine „Sonderreifeprüfung" bestehen. Voraussetzung für die Zulassung zu dieser Prüfung war, daß man das „kleine Diplom" mit der Mindestnote „gut" bestanden hatte. Auch unter dem Namen „Prüfung für praktische Kaufleute" bekannt, ging es vor allem um Buchhaltung und betriebswirtschaftliches Rechnen, was mir nach meiner Banklehre keine Schwierigkeiten bereitete. Die „Sonderreifeprüfung", bei der es darüber hinaus auf vertiefte Kenntnisse in Deutsch, Geschichte und Fremdsprachen ankam, wurde nicht an der Universität, sondern an einem Frankfurter Gymnasium abgenommen. Der Besuch des vorbereitenden Unterrichts war zwar nicht Pflicht, aber man tat gut daran, daran teilzunehmen, denn das aus Studiendirektoren Frankfurter Schulen bestehende Prüfungskollegium nahm die Sache sehr ernst. Ich war froh, auch diese Hürde genommen zu haben, denn damit hatte ich die formelle Voraussetzung, mein Betriebs- und Volkswirtschaftsstudium mit dem Volldiplom abzuschließen.

Aber auch die Freuden des Studentenlebens kamen nicht zu kurz. Natürlich war Frankfurt keine typische Studentenstadt wie Göttingen, Marburg oder Tübingen mit ihren zahlreichen Corporationen. Dennoch kam ich über einen Freund bald mit dem Corps Frisia in Kontakt. Die Entscheidung, Corpsstudent zu werden, war jedoch mit einem leichten Magengrimmen verbunden. Wie erwähnt, entstammte ich einem streng katholischen Haus. Und die Katholische Kirche drohte jedem waffentragenden Studenten mit Exkommunikation. Meine beiden Brüder hatten es deshalb auch vorgezogen, sich dem CV, dem Cartell-Verband der Katholischen Deutschen Studentenverbindungen, anzuschließen, der die Mensur ablehnte. Als das

„schwarze Schaf" der Familie mußte ich geheimhalten, daß ich derlei frevelhaften Freizeitbeschäftigungen nachging.

Das Corps Frisia gehörte zusammen mit rund 50 anderen landsmannschaftlichen Corps zum Rudolstädter Senioren-Convent, abgekürzt RSC. Ursprünglich an den Tierärztlichen Hochschulen Berlin und Hannover vertreten, dehnte er sich 1910 auch auf die Universitäten, Technischen Hochschulen und Handelshochschulen aus. Als Corpsstudent hatte man jeden Morgen pünktlich um acht Uhr auf dem Paukboden zu erscheinen. Daneben unternahmen wir Besichtigungen und Exkursionen, unter anderem auf die Wachenburg bei Weinheim an der Bergstraße, wo der Weinheimer Senioren-Convent, ein anderer großer Corps-Verband, jeweils am Wochenende vor Pfingsten tagte. Ich war sicherlich kein begeisterter Waffenstudent und habe mich, während andere schwärmerisch an diese Zeit zurückdenken und noch aktiv am Leben ihres Corps teilhaben, davon ganz zurückgezogen. Aber damals, als man als junger Mensch in einer fremden Stadt frisch an die Universität kam, war man froh, im Corpshaus einen Kreis gleichgesinnter Freunde zu treffen. Frankfurt hatte ansonsten für Studenten nicht gerade viel zu bieten, außer der Kultur natürlich. Die Frankfurter Oper gehörte schon damals neben Berlin und Dresden zu den führenden deutschen Musiktheatern. Für wenig Geld konnten wir Studenten die Aufführungen in der Proszeniumsloge verfolgen. Allerdings wußte man immer erst drei Stunden vor Beginn, ob an der Abendkasse noch Karten zu haben waren. Ich hörte in Frankfurt unter anderem den gesamten Wagner-Zyklus. Daneben besaß Frankfurt in der Nähe des Eschenheimer Tors ein Operettentheater. Zu Begeisterungsstürmen riß das Publikum dort vor allem der Tenor Richard Tauber hin, dessen Spezialität Werke von Lehár und Kálmán waren. Oft vertrieben wir uns aber die Zeit auch einfach in einer der gemütlichen Sachsenhausener Äppelwoi-Kneipen.

Ein Bummelstudium konnte ich mir jedoch schon aus finanziellen Gründen nicht leisten. Nach acht Semestern fühlte ich mich denn auch gewappnet, mich für die Diplomprüfung zu melden. Vor allem in dem eher rechenhaften Teil der Betriebswirtschaft kam mir meine mathematische Begabung sehr entgegen, während sich meine Erfolge bei Sprachen in durchaus bescheidenen Grenzen hielten. Meinen Neigungen entsprechend, wollte ich denn auch den Beruf des Wirtschaftsprüfers ergreifen. Ein erstes Gespräch bei der Schwäbischen Treuhand-AG (der Schitag) in Stuttgart ergab, daß man zwar durchaus Interesse an mir zu haben schien; allerdings schlug man mir vor, noch zu promovieren. Das wäre für mich kein Problem gewesen. Meine Diplomarbeit über das Thema „Die Kreditpolitik der Kreditgenossenschaften" (der heutigen Volksbanken) hatte nämlich Professor Kalveram so gut gefallen, daß er mir vorschlug, sie zu einer Doktorarbeit auszubauen. Ich war bereits mitten in der Arbeit, als er mich eines Tages zu sich rief und mir zu meiner Verblüffung eröffnete: „Sie sind doch Württemberger, ich habe hier einen Brief der Firma Voith in Heidenheim erhalten, die möchte drei junge Diplomkaufleute einstellen. Ich würde Sie gerne empfehlen. Sie sind noch jung, promovieren können Sie immer noch, die Arbeit wird nur reifer." Ich war damals gerade erst 23 Jahre alt. In Deutschland gab es über sechs Millionen Arbeitslose. Ich war hin- und hergerissen und wußte nicht so recht, was ich tun sollte. Schließlich bewarb ich mich und wurde eingestellt. Das Schicksal hatte gesprochen. Ich sollte meine Entscheidung nie bereuen müssen. Zu einer Promotion jedoch ist es nie gekommen. Die angefangene Arbeit wurde in Berlin nach einem Bombenangriff ein Opfer der Flammen.

3. Zu Voith – auf Probe

Beruflicher Anfang in tiefster Depression

Schlechtere Voraussetzungen für den Start ins Berufsleben konnte man sich kaum vorstellen. Deutschland trieb damals, im Sommer 1932, dem Höhepunkt einer ausweglosen politischen und wirtschaftlichen Krise entgegen. Fast sechs Millionen Arbeitslose hatten zu einer Verelendung breiter Massen und unter dem Terror der radikalen Parteien von links und rechts zu einer Agonie der Weimarer Republik geführt. Bei der Reichstagswahl vom 31. Juli 1932 konnten die Nationalsozialisten ihren Stimmenanteil von 18,3 auf 37,3 Prozent glatt verdoppeln. Vor allem in Berlin und anderen Großstädten nahm der politische Straßenterror beängstigende Ausmaße an.

Aus Mangel an Aufträgen wurde bei Voith zu dieser Zeit in den Werkstätten gerade noch 24 Stunden pro Woche, in den Büros 30 Stunden gearbeitet. Ich war zunächst auf zwei Monate zur Probe eingestellt worden. Nach Ende dieser Zeit ließ mich der damalige kaufmännische Direktor, Otto Rupp, kommen und sagte mir: „Herr Rupf, es tut mir unendlich leid, ich würde Sie gerne übernehmen, aber ich muß zur Zeit jede Woche mindestens sechs Kaufleute entlassen, ich kann Sie jetzt nicht einstellen. Sind Sie damit einverstanden, daß wir Ihre Probezeit verlängern?" – So wie die allgemeine Lage damals war, hatte ich gar keine an-

Büroalltag bei Voith Anfang der dreißiger Jahre.

dere Wahl, als gute Miene zum bösen Spiel zu machen. Und so kam es, daß ich erst zum 1. Januar 1933 eine Festeinstellung in der Abteilung Finanz- und Rechnungswesen erhielt. Mein erstes Bruttogehalt betrug 300 Mark. Es basierte auf einer wöchentlichen Arbeitszeit von 48 Stunden. Da wir zu dieser Zeit jedoch nur 30 Stunden arbeiteten, wurde es entsprechend gekürzt. Netto verblieben mir gerade noch 131,45 Mark. Große Sprünge waren damit nicht zu machen. Zum Glück hatte ich in der Ernst-Degeler-Straße ein recht preiswertes möbliertes Zimmer gefunden. Um das „Hotel Ochsen", wo man vorzüglich essen konnte, mußte ich einen weiten Bogen machen und mich statt dessen mit einem kargen Mittagstisch in einer Metzgerei mit angeschlossener Gastwirtschaft begnügen. Aber das scherte mich und meine beiden Frankfurter Ex-Kommilitonen wenig. In einer Zeit, in der es für viele ums nackte Überleben ging, war jeder froh, irgendwie durchzukommen. Eines Tages, so hoffte jeder, würde es schon wieder besser werden.

Für drei junge Diplom-Kaufleute, die in Frankfurt ein abwechslungsreiches Studentenleben schätzengelernt hatten, bot Heidenheim außerhalb der Dienstzeit wenig Höhepunkte. Wir spielten abends Skat, dachten über unsere Zukunft nach oder gingen ganz einfach nur spazieren. Vor den Villen der Voith-Direktoren träumten wir davon, eines Tages auch einmal Abteilungsleiter oder Prokurist zu werden. Die beiden anderen sagten dabei zu mir: „Du brauchst dir keine Sorgen zu machen, du heißt ja Rupf, du bist der Nachfolger von Rupp." Sie sollten damit recht behalten, aber dazu später mehr.

Als größtes Unternehmen am Ort beschäftigte Voith im Jahre meines Eintritts 2400 Arbeiter und Angestellte. Mehr als zwei Drittel des Umsatzes entfielen damals auf Papiermaschinen. Wir waren auf diesem Gebiet in Deutschland unbestrittener Marktführer und daher von den Auswirkungen der Weltwirtschaftskrise ganz besonders betroffen, da Voith mit etwa zwei Drittel seines Umsatzes vom Export seiner Produkte abhängig war. Die meisten Auslandsgeschäfte machten wir damals mit Rußland. Immer wenn wieder einmal ein Telegramm aus Moskau „Haben Auftrag erhalten" bei uns einging, scharten sich rings ums Werk die Mitarbeiter in den Wirtshäusern, weil wir für ein paar Monate Arbeit hatten. So lebten wir, immer in Sorge um den morgigen Tag, praktisch von der Hand in den Mund.

Schon mein erster Eindruck der Firma war der eines betont patriarchalisch geführten Hauses. Die Brüder Hermann und Hanns Voith amtierten, nur durch ein Sekretariat voneinander getrennt, Büro an Büro und hatten ein gemeinsames Besprechungszimmer. Hermann Voith, 1878 als zweiter Sohn Friedrich und Helene Voiths geboren, war nach dem Jura-Studium in Tübingen und anschließender Promotion an der Universität Heidelberg in die väterliche Firma eingetreten, hatte 1907 Prokura erhalten und später die kaufmännische Leitung übernommen. Er vertrat das Unternehmen nach außen, unter anderem auch als Vorstandsmitglied des Maschinenbauverbandes. Sein sieben Jahre jüngerer Bruder Hanns hatte an der Technischen Hochschule Dresden Maschinenbau studiert und übernahm nach dem Tode des Vaters im Jahre 1913 die technische Leitung. Dominierend war jedoch, obwohl er im fernen St. Pölten das österreichische Zweigwerk leitete, ihr ältester Bruder Walther Voith. Man spürte in Heidenheim regelrecht, wenn sein Besuch im Stammhaus wieder einmal bevorstand. Daß er sich selbst in einer hervorgehobenen Position sah, dokumentierte er unter anderem dadurch, daß er sich auf seine Visitenkarte den Titel „Seniorchef des Hauses Voith" drucken ließ.

Die drei Brüder und ihre drei Schwestern waren allesamt in dem mitten auf dem Werksgelände gelegenen alten Wohnhaus geboren worden, in dem 1840 schon ihr Vater Friedrich Voith zur Welt gekommen war und in dem dessen Vater, der Firmengründer Johann Matthäus Voith, gelebt hatte. Dieser mit den typisch schwäbischen Tüftlerfähigkeiten ausgestattete Handwerksmeister hatte die ererbte Reparaturschlosserei für die an Brenz und Kocher betriebenen Mühlen zielstrebig zu einer Fabrikationsstätte für Papiermaschinen ausgebaut. Die entscheidenden Impulse hierzu verdankte er dem Heidenheimer Papierfabrikanten Heinrich Voelter. Dieser Pionierunternehmer hatte die geniale Erfindung der Papierherstellung aus Holz (statt wie bisher, aus Lumpen) durch Friedrich Gottlob Keller umgesetzt. In enger Kooperation mit Voelter entwickelte und baute der alte „Mechanicus" Voith Holzschleifmaschinen, die die Massenherstellung von Papier möglich machten. Als er den Betrieb im Jahre 1867 seinem Sohn

Friedrich übergab, zählte die Belegschaft bereits 30 Mitarbeiter.

Anders als sein noch ganz von der handwerklichen Produktion geprägter Vater dachte Friedrich Voith, von der allgemeinen Aufbruchstimmung der Gründerzeit getragen, bereits ganz in industriellen Kategorien. Einer seiner engsten Jugendfreunde war Gottlieb Daimler. Hanns Voith hat gelegentlich erzählt, wie er als Kind an einer Fahrt teilnehmen durfte, die die beiden Freunde in einer Motorkutsche von Heidenheim nach Königsbronn ins „Rössle" unternahmen. „Aber schon in Schnaitheim hatten wir eine Panne, und bald zog unsere Familienkutsche mit zwei lebendigen Pferden bespannt und besetzt mit winkenden Familienmitgliedern an uns vorbei und war lange vor uns im ‚Rössle' in Königsbronn", schrieb Hanns Voith zum hundertjährigen Firmenjubiläum. Unvergessen blieb ihm auch, wie er neben seinem Vater einmal mit am abendlichen Stammtisch des Grafen Zeppelin in Friedrichshafen sitzen und den Erzählungen des weißbärtigen Luftfahrtpioniers lauschen durfte.

Im Jahre 1870 erweiterte Friedrich Voith sein Fertigungsprogramm um Wasserturbinen – angesichts des großen Energiehungers jener Zeit der Vorstoß in einen überaus dynamischen Markt. Friedrich Voith, dem der württembergische König 1890 den Titel „Kommerzienrat" verlieh und der noch kurz vor seinem Tode in den nicht erblichen Adelsstand erhoben wurde, war – dem Stil jener Epoche entsprechend – ein Hang zu äußerlicher Repräsentation nicht fremd. Um die Jahrhundertwende bezog die Familie den schloßähnlichen „Eisenhof", der heute als Gästehaus der Firma Voith dient. Als Architekten hatte er den Münchener Gabriel von Seidl gewonnen, der durch eine Reihe von Großbauten, unter anderem das Deutsche Museum und die Nationalgalerie in München, berühmt geworden war. Hanns Voith hat in seinem Buch „Im Gang der

Zeiten" sehr einfühlsam beschrieben, wie zwiespältig seine Familie den Umzug in die hochherrschaftliche Villa erlebte: „Unvergeßlich bleibt mir, wie ich damals, von Stuttgart in die Weihnachtsferien kommend, plötzlich in dieses prachtvolle Gebäude mit seinen im Verhältnis zum alten Haus riesigen Räumen trat. Dieser Eindruck war so stark, daß ich heute noch von Zeit zu Zeit träume, ich beträte ein Schloß mit vielen Räumen, die alle prächtig eingerichtet seien. Mein Vater war glücklich in seinem Eisenhof, meine Mutter in ihrer Bescheidenheit seufzte und sehnte sich zurück nach dem alten, gemütlichen Heim, obwohl es inzwischen ganz von Fabrikgebäuden umgeben war."

Hanns Voith, dem in seiner stillen, zurückhaltenden Art jeder Sinn für gesellschaftliche Selbstdarstellung fehlte, hielt den Seidl-Bau schlicht für „zu groß geraten". Aus dem Besitz eines Heidenheimer Textilfabrikanten erwarb er daher später für seine Familie die wesentlich bescheidenere Villa Schwanenstraße 46, in deren Foyer er sich für seine Hauskonzerte sogar eine Orgel einbauen ließ. Unter dem Einfluß Rudolf Steiners, den er nach dem Ersten Weltkrieg kennengelernt hatte, wurde er ein glühender Anhänger der anthroposophischen Lehre. Die wohl einzige grundlegende Differenz mit Hermann Voith dürfte darin bestanden haben, daß dieser von der Weltanschauung seines Bruders nichts wissen wollte.

Hermann Voith, der bei jedem großen Geschäftsabschluß meist persönlich mitwirkte, war im Gegensatz zu seinem Bruder ein Mensch, der am gesellschaftlichen Leben regen Anteil nahm. Tatkräftig unterstützt von seiner Frau Maria, einer gebürtigen Belgierin, veranstaltete er für seinen großen Heidenheimer Freundeskreis vor allem im Fasching rauschende Feste. Er hatte sich 1928 oben am Wald ein herrschaftliches Anwesen mit etwa 500 Quadratmetern Wohnfläche gebaut, das als typisches Industriellenhaus der zwanziger Jahre heute unter Denkmalschutz steht.

Von diesen gesellschaftlichen Ereignissen drang nur wenig in die nüchterne Arbeitsatmosphäre im Finanz- und Rechnungswesen. Leiter dieser Abteilung war ein Prokurist, dessen Vorgesetzter besagter Direktor Rupp. Otto Rupp war, wie man so sagt, die Seele des Unternehmens. Er war ursprünglich Wirtschaftsprüfer und kam zur Prüfung unserer Bilanzen nach Heidenheim, bis ihm die Herren Voith das Angebot machten, in ihre Dienste zu treten und die Leitung der kaufmännischen Verwaltung zu übernehmen. Er übte diese Funktion dreißig Jahre bis 1951 aus und steuerte die Firma in dieser Zeit sicher durch Inflationen, Krisen und Kriege. Ich habe viel von ihm gelernt.

Die erste größere Aufgabe, mit der er mich betraute, war die Lösung eines kniffligen Umsatzsteuerproblems. Voith hatte einen Turbinenauftrag für ein Wasserkraftwerk am Shannon-Fluß in Irland erhalten. Unabhängig davon war Siemens mit der Lieferung des Generators beauftragt worden. In den Schlußverhandlungen verlangte unser Partner plötzlich, nur noch einen Gesamtvertrag mit Siemens als Generalunternehmer zu unterzeichnen. Schon damals war der Export von der Umsatzsteuer befreit. Wir hatten somit in unseren Turbinenpreis keine Umsatzsteuer eingerechnet. Jetzt mußten wir jedoch auf einmal vier Prozent Umsatzsteuer zahlen, weil wir ja an Siemens lieferten. Siemens seinerseits sollte beim Export unserer Turbine nach Irland die sogenannte Ausfuhrhändlererstattung beanspruchen. Doch war die dafür vorgeschriebene sogenannte „Nämlichkeit" nicht gewahrt, weil Siemens ja keine Turbine, sondern ein komplettes Kraftwerk exportierte.

Voith befand sich somit in einer außerordentlich mißlichen Lage. In zähen Verhandlungen konnte ich die Finanzverwaltung schließlich davon überzeugen, daß wir die

Turbinen gar nicht an Siemens geliefert, sondern nach Shannon „verbracht", dort durch eigene Kräfte montiert und erst dann an Siemens übergeben hätten. Da es sich nach dieser Interpretation um ein reines Exportgeschäft handelte, unterlagen wir nicht der Umsatzsteuerpflicht. Der Fachterminus „Verbringung", zugegebenermaßen kein besonders schönes Wort, fand schließlich sogar Eingang in die Umsatzsteuerliteratur.

In Heidenheim sagte man damals in Anspielung auf die persönlichen Neigungen der beiden Inhaber scherzhaft: „Wer bei Voith Karriere machen will, muß als Kaufmann in den Reitverein gehen und als Ingenieur Anthroposoph werden." Daß ich dem örtlichen Reitverein beitrat, hatte jedoch in Wirklichkeit weniger damit zu tun, daß ich mir damit die besonderen Sympathien Hermann Voiths, eines passionierten Reiters, erwerben wollte. In einer Stadt, die sonst wenig gesellschaftliches Leben und Zerstreuungen für einen Mann meines Alters zu bieten hatte, bot dieser Kreis über das rein Sportliche hinaus eine willkommene Gelegenheit, die freie Zeit an den Wochenenden mit Freunden und Gleichgesinnten zu verbringen.

Vor einem aus Anlaß eines Reitturniers geplanten Ball kam es zu einem Vorkommnis, das die politische Situation kurz nach der Machtübernahme durch die Nazis beleuchtet und für mich berufliche Folgen haben sollte. Wie in anderen Städten, hatte sich auch in Heidenheim ein „SA-Reitersturm" aufgetan, der sich vor allem, wie man in den besseren Kreisen meinte, aus Metzgerburschen zusammensetzte. In unserem Reitverein stellte sich die Frage, ob man zu unserem Ball nicht auch Mitglieder dieses „Reitersturms" einladen müsse. Sportwart des Vereins war seinerzeit ein Mann namens Albert Schad, bei Voith stellvertretender Leiter des Rechnungswesens. Er hatte einst in Frankfurt studiert und war dort Assistent von Professor Hellauer geworden. Aus alter Anhänglichkeit hatte er wiederholt junge Frankfurter Diplom-Kaufleute nach Heidenheim geholt und unter anderem auch meine Einstellung bei Voith initiiert. Dem mit ihm befreundeten Leiter des Reitersturms, einem Prokuristen der Heidenheimer Verbandsstoffirma Hartmann, sagte er: „Zu unserem Ball können wir natürlich nicht den ganzen Reitersturm, sondern nur eine kleine Abordnung einladen, denn wir können den Generälen und Generaldirektoren der Industrie nicht zumuten, sich neben die Socken der SA zu setzen." – „Sock" ist ein in Württemberg gebräuchlicher Ausdruck für eine etwas heruntergekommene Frau. Mit dieser Regelung war der Reitersturm-Führer auch durchaus einverstanden. Nur bekamen die beiden ein Vierteljahr später Streit miteinander, und besagter Prokurist zeigte seinen einstigen Freund wegen Verleumdung der SA an. Schad wurde verhaftet, vor Gericht gestellt und zu sechs Monaten Gefängnis verurteilt. Auf Weisung der Partei mußte Voith ihn obendrein fristlos entlassen. So wurde ich schon 1934 stellvertretender Leiter des Rechnungswesens und erhielt Handlungsvollmacht. Schad ging später zur AEG und wurde nach dem Kriege Vorstandsvorsitzender der Neckar-Werke in Stuttgart.

Als exportorientiertes Unternehmen mußten wir uns nach der Machtübernahme durch die Nazis immer stärker mit den negativen Auswirkungen der Devisenbewirtschaftung herumplagen. In einem regelrechten Wettlauf hatten fast alle westlichen Länder, an ihrer Spitze Großbritannien, ihre Währung abgewertet. Es hieß, der britische Schatzkanzler habe Tränen in den Augen gehabt, als er vor dem Unterhaus die Entscheidung seiner Regierung verkündete, den Außenwert des Pfund Sterling um nicht weniger als 40 Prozent zu senken – ein für das stolze Empire unglaublicher Vorgang. In Berlin jedoch wollte man von einem solchen Schritt nichts wissen. Hitler erklärte kategorisch: „Die Reichsmark wird nicht abgewertet!" Ein freier

Außenhandel war damit nicht mehr aufrechtzuerhalten. Gegenüber der Konkurrenz in den Abwertungsländern waren deutsche Anbieter im Exportgeschäft kaum noch konkurrenzfähig; auf der anderen Seite fehlte es an den nötigen Devisen für die Bezahlung der vor allem von der Industrie verarbeiteten Rohstoffe. Die dadurch unausweichlich gewordene Devisenbewirtschaftung ließ die Reichsmark mehr und mehr zu einer reinen Binnenwährung werden.

Um die trotz aller staatlichen Autarkiebestrebungen für die deutsche Industrie lebenswichtigen Rohstoffimporte bezahlen zu können, mußte die Wirtschaft Exporthilfen in Anspruch nehmen. Zu diesem Zweck führte die Reichsregierung 1934 das sogenannte „Zusatzausfuhrverfahren" ein. Zum Ausgleich der ihnen durch die verzerrten Währungsparitäten entstandenen Wettbewerbsnachteile erhielten Exporteure finanzielle Zuschüsse. Diese Ausfuhrsubventionen wurden in unterschiedlicher Höhe nach Branchen und Erzeugnissen vom erzielten (und abzuführenden) Devisenerlös berechnet.

Für unsere Papiermaschinen und Wasserturbinen erhielten wir Zuschüsse bis zu 50 Prozent und in wenigen Sonderfällen auch mehr und lagen damit in der Spitzengruppe der deutschen Industrie. Allerdings reichte selbst dieser Satz nicht aus, um mit unseren internationalen Konkurrenten, die von einer massiven Abwertung ihrer Währungen profitierten, gleichzuziehen. So reiste ich immer wieder nach Berlin, um für einzelne Großgeschäfte stärkere staatliche Unterstützung zu erhalten – in den meisten Fällen mit Erfolg. Mir kam dabei der glückliche Umstand zu Hilfe, daß im Reichswirtschaftsministerium auf dem Posten des für die Zuschußvergabe zuständigen Beamten mit Dr. Gustav Schlotterer ein Freund aus alten Biberacher Tagen saß. Er hatte dort wie ich zunächst eine Banklehre gemacht und trug als Gründungsmitglied der

örtlichen NSDAP das goldene Parteiabzeichen. Als Gau-
wirtschaftsführer in Hamburg hatte er die Aufmerksamkeit des damaligen Wirtschaftsministers Hjalmar Schacht
erregt, der den gerade 29jährigen zum Ministerialrat im
Reichswirtschaftsministerium in Berlin machte. Schlotterer war jedoch alles andere als ein kühl kalkulierender
Karrierist, sondern im Grunde seines Herzens ein Idealist.
Er geriet dann später auch mehr und mehr in Konflikt mit
der Politik Hitlers und konnte nach dem 20. Juli 1944 sein
Leben nur dadurch retten, daß er sich als einfacher Soldat
an die Front versetzen ließ. Auf der Suche nach den Verantwortlichen für das Attentat auf Hitler war die Gestapo
schnell dahintergekommen, daß er enge Verbindungen
zum Widerstandskreis um den Abwehrchef Admiral Cana-
ris unterhielt. Ich habe „Gustl" Schlotterer immer hoch
angerechnet, daß er auch in der Zeit, in der er noch loyal
zum Regime stand, mich niemals kritisch auf meine ihm
durchaus bekannte abweichende Einstellung zum herrschenden System ansprach und mich, wann immer es ihm
möglich war, unterstützte. Nach dem Krieg beriet er vor
allem Friedrich Flick und Fritz Aurel Goergen, Generaldirektor des Düsseldorfer Montankonzerns Phoenix-
Rheinrohr und späteren Mehrheitsaktionär der Kasseler
Henschel-Werke.

Finanziert wurden die staatlichen Exportzuschüsse aus
den Mitteln einer „Ausfuhrförderungsumlage", die von der
Industrie in eigener Regie in Form eines dreiprozentigen
Aufschlags auf ihre Inlandsumsätze aufgebracht wurden.
Dabei achtete die Reichsregierung streng darauf, daß sich
Exportunternehmen nicht auf Kosten der Staatskasse mit
ihren Preisangeboten gegenseitig unterboten. Zu diesem
Zweck wurde ein umständliches Meldeverfahren einge-
führt, für das jeder einzelne Industriezweig eine eigene
„Prüfungsstelle" errichten mußte. Für uns gab es bei-
spielsweise eine Prüfungsstelle Papiermaschinen und eine

für Wasserturbinen. Erhielten wir die Anfrage eines ausländischen Kunden, so meldeten wir dies der zuständigen Prüfungsstelle. Blieben wir nach Ablauf einer Frist von zwei Wochen die einzigen, erhielten wir Nachricht, daß wir nach freiem Belieben anbieten konnten. War mindestens ein anderer Wettbewerber mit im Spiel, mußten wir unser Angebot vorab in Berlin einreichen und angeben, wohin wir unseren Angebotspreis äußerstenfalls zurücknehmen würden. Dieselben Angaben mußte die Konkurrenz machen. Wir durften also im Preis nur bis zu der von uns selbst fixierten Untergrenze nachgeben. Allenfalls, wenn ein Mitbewerber noch günstiger als wir anbot, durften wir auf dessen Konditionen eingehen. Diese Praxis bedeutete nicht nur eine starke Bürokratisierung unseres Geschäfts, sondern warf obendrein eine Reihe kaum lösbarer Probleme auf, etwa die schwierige Vergleichbarkeit mehrerer Angebote. Eine Papiermaschine von Voith glich ihrer Konstruktion und ihrem Gewicht nach nicht unbedingt einer Papiermaschine der Firma Dörries. So kam es immer wieder zu Streitigkeiten.

Im Falle eines Türkei-Auftrages beschuldigte uns ein deutscher Konkurrent, mit dem angebotenen Preis unter der erlaubten Mindestgrenze geblieben zu sein. Zur Strafe sollte uns nach Auffassung dieses Unternehmens die Zusatzausfuhrvergütung verweigert werden. Die staatlichen Berliner Stellen, die sich mit einer Entscheidung offenbar schwertaten, verfielen auf eine salomonische Lösung: In Zukunft, so ihre Weisung, sollten wir uns gegenseitig schützen. Bei einem künftigen Auftrag aus Griechenland sollten wir unserem Mitwettbewerber dadurch den Vortritt lassen, daß wir einen konkurrenzlos hohen Preis verlangten. Dafür sollte Voith den umstrittenen Türkei-Auftrag erhalten, was dann auch geschah.

In dem Maße, in dem die Industrie immer stärker unter die Kontrolle der Behörden geriet, verlagerte sich meine

Arbeit immer mehr nach Berlin. Gott sei Dank gab es einen Schlafwagenzug, der direkt zwischen Friedrichshafen und Berlin verkehrte und in Heidenheim hielt. Zeitweise häuften sich die Verhandlungen derart, daß ich mehr Nächte auf der Schiene im Schlafwagen als in meinem Bett zu Hause verbrachte. Ich stieg abends um Viertel nach acht in Heidenheim ein und kam am nächsten Morgen um halb acht am Anhalter Bahnhof in Berlin an. Dieser Pendelverkehr konnte jedoch kein Dauerzustand sein, zumal die Fülle der Aufgaben in der Reichshauptstadt ständig weiter zunahm. Nicht nur die Förderung des Exports, sondern auch die staatliche Bewirtschaftung wichtiger Rohstoffe, die Vertretung des Unternehmens gegenüber den Verbänden, Konsortialverhandlungen mit Siemens, AEG und anderen Projektpartnern sowie immer stärker der regelmäßige Kontakt zu den Beschaffungsstellen der Wehrmacht machten die ständige Präsenz der Firma im Zentrum aller für unser Geschäft maßgeblichen Entscheidungen unverzichtbar. Und so war es für mich eigentlich keine Überraschung mehr, als mich Hermann Voith eines Tages zu sich rief und mich bat, meine Tätigkeit ganz nach Berlin zu verlagern.

4. Von der Brenz an die Spree

Als „Botschafter" im Zentrum der Macht

Schon vor meinem beruflichen Wechsel von Heidenheim nach Berlin war Voith in der Stadt mit einem technischen Büro vertreten. Für mich ergab sich daraus die glückliche Lage, daß ich von Anfang an über die besten Arbeitsmöglichkeiten verfügte. Unser Büro war in zentraler Lage im „Pschorr-Haus" am Potsdamer Platz. Auch privat verlief mein Umzug ziemlich unspektakulär. Wie es sich für einen nicht gerade auf Rosen gebetteten Junggesellen aus der Provinz gehörte, begann ich sofort nach meinem Eintreffen am Anhalterbahnhof mit der Suche nach einem möblierten Zimmer. Über eine Zeitungsannonce fand ich am Wittenbergplatz auch schnell eine passende Bleibe, von der es bis zum Kurfürstendamm zu Fuß nur wenige Minuten waren.

Um als kaufmännischer Leiter des Büros gegenüber Ministerien, Verbänden und Unternehmen mit der richtigen Titulatur auftreten zu können, erhielt ich nach einiger Zeit Prokura, allerdings beschränkt auf meinen Berliner Aufgabenbereich. Als „Botschafter" des Hauses Voith in der Reichshauptstadt mußte ich damit rechnen, auf meine Loyalität gegenüber dem herrschenden Regime kritisch unter die Lupe genommen zu werden. Durch mein Elternhaus und meinen Freundeskreis geprägt, stand ich der neuen Bewegung von Anfang an äußerst skeptisch, mit zunehmender Dauer des Regimes sogar ablehnend gegenüber. Durch glückliche Fügung konnte ich jedem Druck, der Partei oder einer ihrer Gliederungen beizutreten, entgehen. In Berlin verwies ich darauf, daß für mich Heidenheim zuständig sei, und in Heidenheim verwies ich auf Berlin. Erleichtert wurde mir dieses Ausweichmanöver durch die politische Einstellung der Herren Voith. Keiner aus der engeren Führungsspitze des Unternehmens war ein Anhänger Hitlers. Dagegen wurde die mittlere Ebene durch vier bei Voith beschäftigte örtliche Parteifunktionäre – sie hießen sinnigerweise alle vier Meier – stark beeinflußt.

Während sich Hanns Voith um den Betrieb und den Turbinenbau kümmerte und so etwas wie die innere Seele der Firma war, verstand sich sein Bruder Hermann ganz als Repräsentant des Hauses nach außen. Nach Berlin mußte er vor allem häufig in seiner Eigenschaft als Mitglied des engeren Beirats der Wirtschaftsgruppe Maschinenbau. Er blieb in aller Regel zwei Tage und übernachtete jedesmal im Hotel „Esplanade", das nur ein paar hundert Meter vom „Pschorr-Haus" entfernt war. Am Nachmittag, meist um fünf Uhr, bestellte er mich regelmäßig zur Aussprache über anstehende Probleme zum Tee. In der behaglichen Atmosphäre des nach dem legendären „Hotel Adlon" wohl bekanntesten Berliner Hotels konnten wir alle anstehenden Fragen und Probleme besprechen. Von Mal zu Mal spürte ich stärker, wie sein Vertrauen in mich wuchs, vor allem durch seine Bereitschaft, mich in sehr intime, für die Zukunft des Unternehmens weitreichende Pläne und Überlegungen einzuweihen. Dabei versicherte er mir immer wieder, wie wichtig ihm gerade meine Berichte aus Berlin für seine eigenen Einschätzungen seien. Zwischen uns entstand ein enges freundschaftliches Verhältnis. Für mich, der ich bei meinem Umzug nach Berlin gerade 28 Jahre alt war, wurde er zu einer Art Vaterfigur.

Je intensiver mein Kontakt zu Hermann Voith wurde, desto schwieriger gestaltete sich meine Zusammenarbeit mit Otto Rupp, der als kaufmännischer Direktor in der Zentrale mein direkter Vorgesetzter war. Er spürte wohl instinktiv, daß sein oberster Chef mich stärker ins Vertrauen zog als ihn. Obwohl ich, nachdem ich aus Hermann Voiths Zimmer kam, immer gleich zu ihm ging, um ihm, soweit ich nicht zur Diskretion verpflichtet war, über unser Gespräch zu berichten, kühlte sich unser Verhältnis stark ab. Ich habe dies sehr bedauert. Zu diesem Zeitpunkt ahnte er vielleicht schon, daß mir die Herren Voith auf längere Sicht eine verantwortungsvolle Führungsposition in Heidenheim zugedacht hatten.

Nachdem ich in Berlin zunächst vor allem mit der Abwicklung von Exportgeschäften zu tun hatte, gewannen schon bald mehr und mehr Fragen der Rüstungsproduktion an Bedeutung. Anfang 1936 hatte Hitler den Beauftragten für den Vierjahresplan, Hermann Göring, angewiesen, die Wirtschaftslenkung auf die Aufrüstung Deutschlands auszurichten. Aufgrund ihres Produktionsprogramms wurde die Firma Voith in das Rüstungsprogramm aller drei Wehrmachtsteile einbezogen. Für die Luftwaffe fertigten wir Flakgeschütze 8,8, für das Heer unsere Turbogetriebe (für Feldbahnlokomotiven) und für die Kriegsmarine unseren „Voith-Schneider®-Propeller", der vor allem in Minensuch- und -räumboote eingebaut wurde, die dadurch eine extrem hohe Manövrierfähigkeit erreichten.

Die Herren Voith hatten entschieden, daß sie am Krieg nichts verdienen wollten. Das war jedoch schwieriger als erwartet. Bei einer Nachkalkulation unserer Flakgeschütz-Lieferungen stellte sich heraus, daß der vom Oberkommando des Heeres festgesetzte Preis zu hoch war. Folglich wurde ich von Heidenheim angewiesen, einen von Hanns Voith persönlich unterschriebenen Scheck über eine Million Mark bei der hierfür zuständigen Stelle abzugeben. Keiner wollte das Geld jedoch haben. Die Preisprüfungs- stellen befürchteten natürlich internen Ärger, weil sie of- fensichtlich die Preise zu großzügig kalkuliert und damit die Reichskasse mehr als nötig strapaziert hatten. Immer wieder hörte ich dasselbe Argument: Keiner Ihrer Mitliefe- ranten macht so etwas! Zuletzt gelang es mir doch noch, im OKW einen Obersten dazu zu bewegen, den Scheck ge- gen Quittung entgegenzunehmen. Was er damit gemacht hat, habe ich nie erfahren.

Um die für die Kriegsmarine bestellten Voith-Schnei- der®-Propeller zur Reparatur nicht erst nach Heidenheim transportieren zu müssen, wurden wir 1938 aufgefordert, an der Nordseeküste ein Reparaturwerk zu errichten. Es gelang uns, im Bremer Kalihafen ein geeignetes Grund- stück zu kaufen, auf dem 1941 die Produktion in zwei zusammenhängenden Hallen von je 40 Meter Länge und 20 Meter Breite anlaufen konnte. Doch schon 1943 wurde das Werk zum erstenmal bei einem Bombenangriff erheb- lich beschädigt und kurz vor Kriegsende fast vollständig zerstört.

Auch wenn ich zunehmend mit der Bearbeitung von Wehrmachtsaufträgen und der Zuteilung von Rohstoffen beschäftigt war, so oblag mir weiterhin die Betreuung großer Auslandsprojekte, allen voran der Turbinenauftrag für das Kraftwerk „Rio Negro" in Uruguay. Der Gesamtauf- trag war an ein deutsches Konsortium, bestehend aus den Firmen Siemens, AEG, Siemens-Bauunion, Philipp Holz- mann und Voith, gegangen. Zwischen den Unternehmen des Konsortiums fanden allmonatlich in Berlin eingehende Beratungen statt – abwechselnd bei Siemens in Siemens- stadt und der Hauptverwaltung der AEG am Friedrich- Karl-Ufer in Berlin. Im Unterschied zu heute, wo anste- hende Fragen meist auf Expertenebene behandelt werden, waren bei den damaligen Konsortialverhandlungen meist zwei bis drei Vorstandsmitglieder von jeder Firma anwesend. Mit meinen gerade 30 Jahren war ich so etwas wie ein Youngster in dieser Runde. Für einen Neuling war es faszinierend und lehrreich zugleich, wie die „Großkopfeten" aus den Führungsetagen der deutschen Großindustrie teilweise erbittert um ihre Interessen stritten. Nachdem 1938 die ersten Sendungen per Schiff nach Uruguay abgegangen waren, kamen die Arbeiten durch den Ausbruch des Krieges schon ein Jahr später ins Stocken. Zu ihrem Glück hatten uns unsere Auftraggeber bei Vertragsabschluß verpflichtet, die Zeichnungen unserer Turbinen bei amerikanischen Firmen für den Fall zu hinterlegen, daß wir nicht lieferfähig sein würden. So wurde das Kraftwerk schließlich von US-Unternehmen vollendet.

Aufgrund meiner Position als Repräsentant der Firma Voith in der Reichshauptstadt hatte ich nicht nur enge Kontakte zu denjenigen Unternehmen, mit denen wir in bewährter Partnerschaft große Auslandsprojekte abwickelten. Auch mit anderen Berliner Firmen ergaben sich vielfältige Berührungspunkte. Hinzu kam, daß auch Industriekonzerne und Banken aus anderen Regionen in Berlin ihre „Frühstücksdirektoren" hatten, die ständig Fühlung mit den führenden Männern aus Wirtschaft und Politik hielten. Ihre Domizile lagen wie die Mehrzahl der ausländischen Botschaften meist im vornehmen Tiergarten-Viertel.

Im Jahre 1937 hielt die Internationale Handelskammer ihre Tagung in Berlin ab. Die Staatsführung ließ es sich nicht nehmen, die Anwesenheit so vieler Wirtschaftsrepräsentanten aus aller Welt zu einer propagandistisch wirkungsvollen Selbstdarstellung zu nutzen. Wie geschickt Hitler und Goebbels aus großen internationalen Veranstaltungen politisches Kapital zu schlagen verstanden, hatten sie ein Jahr zuvor bei den Olympischen Spielen demonstriert. Als Sportinteressierter hätte ich mir die Wettkämpfe gerne angesehen. Doch ausgerechnet während der Spiele mußte ich in der estländischen Hauptstadt Tallin langwierige Verhandlungen über die Lieferung einer Zellstoffabrik führen. Diesmal hatte sich Propagandaminister Joseph Goebbels etwas Besonderes einfallen lassen, um bei den Besuchern Sympathien zu ernten. Vom Wannsee-Ufer, wo er seinen Wohnsitz hatte, ließ er bis zur Pfaueninsel eine Pontonbrücke bauen. Die zu einem bühnenreif inszenierten Sommerfest geladenen Gäste erreichten die Insel durch ein Spalier von Ballettmädchen, die für den Abend dienstverpflichtet worden waren. Mitten auf der Pfaueninsel war ein riesiges Podium mit Tausenden von Lampions errichtet worden, auf dem das Ehepaar Goebbels und Prominente, wie das damalige Box-Idol Max Schmeling mit seiner Frau Anni Ondra, Hof hielten. Später wurde die ganze Nacht durchgetanzt, Sekt, Kaviar und Hummer gab es in Mengen und gratis. Da Hermann Voith, der als stellvertretender Präsident der Handelskammer Heidenheim hätte teilnehmen müssen, erkrankt war, durfte ich ihn bei diesem großen Schauspiel vertreten.

Für einen Mann aus der schwäbischen Provinz, so mag es scheinen, ist es nicht ganz leicht gewesen, sich an Berlin und die Berliner zu gewöhnen. Im Schalterraum einer Bank erlitt ich einmal einen Ohnmachtsanfall. Als ich wieder erwachte, meinte die Ärztin, die zu Hilfe gerufen war, scherzhaft: „Sie sind für die Berliner wohl zu sensibel." Ich habe den sprichwörtlichen Berliner Humor und die Schlagfertigkeit der Berliner schnell lieben gelernt. Mit besonderem Enthusiasmus stürzte ich mich auf das Berliner Kulturleben. Das Angebot an Konzert-, Opern- und Theateraufführungen war geradezu überwältigend. Es war die große Zeit Gustav Gründgens, der am Staatlichen Schauspielhaus am Gendarmenmarkt herrschte und als Intendant tragende Rollen wie den Hamlet, Mephisto, Julius Cäsar und Franz Moor spielte. Wie Gründgens die Theaterszene, so bestimmte Wilhelm Furtwängler das Berliner Musikleben. Ich besuchte sooft ich nur konnte, die sogenannten „Schlußprobenkonzerte" seiner Philharmoniker, die immer sonntags stattfanden. Die offizielle Aufführung war dann am folgenden Montag. Dabei hatte ich das große Glück, in der Privatloge Furtwänglers sitzen zu dürfen. Diese Ehre verdankte ich dem Umstand, daß Furtwängler um zwei Ecken mit der Familie Voith verwandt war: Ein Bruder hatte eine Schwester von Frau Lore Voith, der Frau von Hanns Voith, geheiratet.

Im Jahre 1942 beendete auch ich mein Junggesellenleben. Schicksal hatte für mich ein guter Bekannter aus alten Biberacher Tagen gespielt. Professor Adolf Pirrung, der in unmittelbarer Nähe meines Elternhauses wohnte, war Generaldirektor der Oberschwäbischen Elektrizitätswerke. Politisch war er in der Zentrumspartei an führender Stelle aktiv und eng mit dem einstigen Reichskanzler Heinrich Brüning sowie mit dem letzten württembergischen Staatspräsidenten, Eugen Bolz, befreundet. Als die Nazis an die Macht kamen, verlor Pirrung seinen Posten und ließ sich als freier Berater in energiewirtschaftlichen Fragen in Berlin nieder. Bei einem Besuch seines im pfälzischen Edenkoben als Weingutsbesitzer lebenden Bruders, zu dem er mich mitnahm, lernte ich dessen einzige Tochter kennen. Sie wurde einige Jahre später meine Frau.

Der Beginn eines neuen privaten Lebensabschnittes wurde überschattet von den immer schwerer zu ertragenden Folgen des Krieges. Nach den von der Nazi-Propaganda lautstark gefeierten „Blitzkriegen" der ersten Jahre spürten die Menschen inzwischen am eigenen Leibe, was Krieg wirklich bedeutete. Wenig gestört warfen die feindlichen Bomberstaffeln ihre tödliche Fracht schon am hellichten Tag über der Hauptstadt ab. Beim ersten großen Fliegerangriff auf Berlin im Jahre 1942 war ich im

„Pschorr-Haus" gerade als Luftschutzwache eingeteilt worden. Als die Alarmsirenen die herannahenden Verbände ankündigten, stürzte der Hauswart in mein Büro und rief mir zu: „Schnell, gehen Sie aufs Dach, ich muß in den Keller und den Dynamo bewachen!"

Von oben bot sich mir später ein schauriger Anblick. Um mich herum brannte, wie es schien, alles – das berühmte „Haus Vaterland", der Potsdamer Bahnhof und das „Hotel Fürstenhof". Ich hatte die von den brennenden Gebäuden zu uns herübergeflogenen Funken mit einer Klatsche zu löschen, bevor sie Schaden anrichten konnten. Auch die tägliche Fahrt ins Büro gestaltete sich mit zunehmender Dauer des Krieges immer schwieriger. Da bei der Zuteilung von Wohnungen Parteigenossen und kinderreiche Familien bevorzugt behandelt wurden, hatten wir weit ins Umland ziehen müssen. Von unserem Häuschen in Schulzendorf bei Zeuthen fuhr ich jeden Morgen zunächst mit dem Omnibus nach Königswusterhausen, um anschließend in den Dampfzug nach Grünau umzusteigen. Von dort aus ging es dann mit der S-Bahn bis zum Potsdamer Platz. Wegen der häufigen Luftangriffe dauerte die Fahrt ins Büro mitunter zwei bis zweieinhalb Stunden. Mein Privatwagen war längst eingezogen worden und verrichtete irgendwo an der Front seinen kriegswichtigen Dienst.

Als Verbindungsmann der Firma Voith zu den Dienststellen der Wehrmacht war ich, wie es damals hieß, „uk" gestellt, also als „unabkömmlich" vom Kriegseinsatz befreit worden. Die todbringenden Bombenangriffe und die immer schlechter werdende Versorgungslage ließen aber auch der Zivilbevölkerung an der „Heimatfront" das Leben zunehmend hoffnungslos erscheinen. In bezug auf meine eigene Aufgabe kam hinzu, daß die Kriegsmaschinerie unter der Last des Vielfrontenkrieges deutliche Grenzen ihrer Leistungsfähigkeit erkennen ließ, was die Beziehungen zwischen Industrie und den Behörden allmählich zum

Zerreißen anspannte. Ich erinnere mich an eine Sitzung Ende 1944, als ein maßgebender Mann des Heereswaffenamtes die Beherrschung verlor und den Repräsentanten eines bedeutenden Unternehmens anbrüllte: „Wenn es Ihnen nicht paßt, stelle ich Sie an die Wand."

Eine meiner schwierigsten Aufgaben war es, einen verdienten Mitarbeiter aus Heidenheim aus den Kerkern der Gestapo zu befreien. Hans-Faic Canaan war als Sohn einer Deutschen und eines Arabers als Vergeltung für die Internierung Deutschgesinnter in Palästina während des Krieges verhaftet worden. Da er ein allseits bekannter, angesehener Mann war, ließ ihn der örtliche Polizeidirektor regelmäßig in seine Privatwohnung holen, wo Canaan mit seinen Kindern Klavier spielte. Am späten Abend mußte er dann wieder in seine Gefängniszelle zurück. Nach seiner Überstellung nach Berlin erhielt ich den Auftrag, Canaan als kriegswichtige Persönlichkeit freizubekommen. Wir bauten ja große Wasserkraftanlagen, die auch wirtschaftlich von Bedeutung waren. Ich werde nie die bedrückende Atmosphäre im Gestapo-Gefängnis vergessen. Vor mir wurden schwere Eisentüren geöffnet und hinter mir jedesmal wieder geschlossen. Zwangsläufig kam einem der Gedanke, was wäre, wenn man selbst aus diesem Verlies nicht mehr herauskäme? Gottlob konnten wir tatsächlich erreichen, daß Canaan wieder auf freien Fuß gesetzt wurde. Später habe ich das Gestapo-Gefängnis noch einmal aufsuchen müssen, um im Auftrag von Adolf Pirrung dessen Freund Eugen Bolz ein Paket mit frischer Wäsche zu bringen. Ich werde diese schrecklichen Erlebnisse mein Lebtag nicht vergessen.

Spätestens Anfang 1945 war allen Einsichtigen klar, daß der Krieg ungeachtet aller Durchhalteparolen der offiziellen Propaganda seinem Ende entgegenging. Die deutschen Truppen befanden sich an allen Fronten auf dem Rückzug. Im Zustand einer fortschreitenden Selbstauflösung jeder staatlichen Ordnung waren auch die Tage meiner Tätigkeit in Berlin gezählt. Mit einem Passierschein des „Oberkommandos der Wehrmacht" verließ ich daher am 31. März die Hauptstadt, um mich auf irgendeinem Wege nach Hause durchzuschlagen. Das war leichter gesagt als getan, denn zahlreiche Verkehrsverbindungen waren unterbrochen. Nach einer Irrfahrt mit Bahn, Omnibus und Lastkraftwagen kam ich nach einer Woche in Ulm an. Dort mußte ich feststellen, daß die Eisenbahnlinie nach Heidenheim zerstört war. Ich entschloß mich daher, nach Biberach zu meinen Eltern zu fahren, wo bereits meine Frau auf mich wartete.

Telefonisch meldete ich mich in Heidenheim zurück. Doch erhielt ich von dort den dringenden Rat, zunächst in Biberach zu bleiben und weitere Weisungen abzuwarten. Für mich waren die kommenden Tage und Wochen eine kritische Zeit. Nachdem ich Berlin verlassen hatte, war meine uk-Stellung gegenstandslos geworden, so daß ich mich eigentlich zum Volkssturm hätte melden müssen. Die Sache war für mich deshalb ganz besonders brenzlig, weil in unmittelbarer Nähe unseres Elternhauses eine Panzersperre errichtet worden war, die man von unserer Terrasse aus verteidigen zu können glaubte. Gar nicht auszudenken, was mit mir geschehen wäre, hätte mich jemand in meinem Versteck entdeckt! So mußte ich 14 lange Tage ausharren, bis die Stadt endlich von französischen Truppen eingenommen wurde. Aber auch dann war es noch nicht ohne weiteres möglich, nach Heidenheim, das zur amerikanischem Besatzungszone gehörte, zu gelangen. Dazu brauchte man einen von der zuständigen Militärbehörde ausgestellten Passierschein. Zum Glück war mein Bruder Alfred in Heidenheim von den Amerikanern als kommissarischer Landrat eingesetzt worden. Diese Position ermöglichte es ihm, eines Tages mit einem Lastwagen nach Biberach zu fahren. Geladen hatte er Tuche und

Stoffe aus lokaler Produktion, die er gegen Butter, Käse und andere dringend benötigte Lebensmittel eintauschen wollte. Bei dieser Gelegenheit brachte er den schon sehnlichst erwarteten Passierschein mit, so daß ich zusammen mit meiner Frau, die gerade unser erstes Kind erwartete, mit nach Heidenheim zurückfahren konnte.

Nach neunjähriger Abwesenheit kam ich als ein anderer zu Voith zurück, als ich nach Berlin aufgebrochen war. Hinter mir lag eine Zeit, in der sich die Welt verändert hatte. Ich hatte das Unternehmen an der Nahtstelle zu einer allmächtigen staatlichen Planbürokratie vertreten, ohne die zuletzt so gut wie nichts mehr lief. Ich hatte darüber hinaus das Glück gehabt, in bezug auf die eigene Branche über den Tellerrand hinausblicken zu können und die führenden Männer des deutschen Maschinenbaus persönlich kennenzulernen. Dies war für mich vor allem für meine spätere Verbandsarbeit eine wichtige Voraussetzung. Nicht zuletzt bot mir meine Tätigkeit in Berlin Gelegenheit, schon in relativ jungen Jahren den Umgang mit Verwaltung und Politik einzuüben – eine Erfahrung, die mir nach dem Krieg insbesondere bei der Vertretung von Interessen der deutschen Exportwirtschaft gegenüber der Bundesregierung von großem Nutzen sein sollte. Bei alldem war ich die ganze Zeit durch das vertrauensvolle Verhältnis zu Hermann Voith und – nach dessen Tod im Jahre 1942 – zu Hanns Voith eng mit der Unternehmensführung verbunden geblieben. Ich war auf meine künftigen Aufgaben also gut vorbereitet.

5. Noch einmal davongekommen

Glücklicher Wiederbeginn in der Stunde Null

Wieder in Heidenheim – welch ein Kontrast zum Bombeninferno des zerstörten Berlin! Auf den ersten Blick hätte man meinen können, der Krieg hätte um die Stadt einen schonungsvollen Bogen gemacht. Nur an wenigen Gebäuden hatte das Kampfgeschehen seine Spuren hinterlassen. Ein gnädiges Schicksal hatte es gefügt, daß die alliierten Geschwader über die Ostalb hinweg zu ihren strategischen Zielen, den süddeutschen Industriezentren, geflogen waren. Alles hätte sich jedoch in letzter Minute noch einmal zum Schlimmen wenden können, hätten die verantwortlichen Männer die Stadt nicht in einem Akt kollektiver Vernunft den heranrückenden Amerikanern kampflos übergeben.

Dies war, wie ich nachträglich erfuhr, beileibe nicht selbstverständlich. Trotz der für Deutschland hoffnungslos gewordenen militärischen Lage waren Hitler und die Wehrmacht entschlossen, jeden Meter Boden verbissen zu verteidigen und dem Feind allein um den Preis der verbrannten Erde zu weichen. So waren, um die Stadt gegen die im Norden bis Schnaitheim vorgerückten US-Truppen zu verteidigen, Volkssturmmänner in Stellung gegangen. Vom Galgenberg feuerte deutsche Artillerie. Bei den Bemühungen, die Stadt nicht durch völlig aussichtslose

Schießereien zu gefährden, spielte Hanns Voith eine wichtige Rolle. In engem Zusammenwirken mit führenden Kommunalvertretern erreichte er, daß die Volkssturmleute die Waffen in letzter Minute niederlegten und nach Hause gingen. Am späten Abend des 24. April überschlugen sich die Ereignisse. Kurz vor Mitternacht läuteten drei Männer Hanns Voith aus dem Bett. Sie reichten ihm einen englisch beschriebenen Zettel – ein Ultimatum der Amerikaner, wonach die Stadt innerhalb einer Stunde zu übergeben sei. Da jedoch der Bürgermeister nicht auffindbar gewesen war, sollte – so die dringende Bitte der Emissäre – der des Englischen mächtige Voith die Sache in die Hand nehmen. Seine Frau Lore hat später erzählt, er habe sie in diesem Moment gefragt, was man eigentlich anziehe, wenn man eine Stadt übergeben müsse.

In einem Wagen, auf dessen Kühlerhaube ein mit einer weißen Fahne bewaffneter Polizist saß, fuhren Hanns Voith und seine Begleiter in Richtung auf die amerikanischen Stellungen und sahen sich plötzlich feindlichen Soldaten gegenüber. Hanns Voith hat die Szene in seinem Buch „Im Gang der Zeiten" sehr anschaulich beschrieben: „Ich stellte mich als Industrieller vor, der die Stadt nicht übergeben könne, sie sei aber frei von deutschen Truppen, der Bürgermeister unterwegs. So kam es, daß ich allein mit einem amerikanischen Vortrupp, kriegsmäßig gesichert, neben dem Offizier in meine Vaterstadt marschierte. Noch vor den ersten Häusern trafen wir auf den Bürgermeister, der die Stadt übergab. Die Polizei wurde entwaffnet, das Rathaus besetzt."

Auch wenn das Stammwerk nahezu unversehrt geblieben war, so hatte uns der Krieg doch schwere Wunden zugefügt. 422 Mitarbeiter waren gefallen, weitere 154 galten als vermißt. Von unserer Bremer Fabrik war nur ein Trümmerhaufen übriggeblieben, in St. Pölten herrschten die Russen. Hinzu kam, daß ein großer Teil unserer Patente im Ausland als Feindvermögen beschlagnahmt worden war. Vor allem nach Amerika hatten wir vor dem Krieg zahlreiche Lizenzen für Wasserturbinen und Papiermaschinen vergeben. Dieses geistige Eigentum mußten wir jetzt schweren Herzens abschreiben. Schließlich schwebte auch noch das Gespenst einer Demontage über uns. Eine aus Vertretern der vier Siegermächte bestehende Delegation kam eigens nach Heidenheim, um unsere Werksanlagen zu besichtigen. Als Glück erwies es sich in dieser Situation, daß wir, vor allem Hanns Voith selbst, nach dem Einmarsch der Amerikaner ein vertrauensvolles Verhältnis zu den Repräsentanten der Besatzungsmacht, namentlich zu Colonel Brunton, aufgebaut hatte, der unser Werk betreute. Er signalisierte uns bereits vor der Entscheidung der Kommission, daß er sich allen Forderungen der Russen und Franzosen nach einer Demontage entgegenstellen werde. So geschah es dann auch. Von der Delegation haben wir nie wieder etwas gehört.

Solange Hermann Voith lebte, hatte ich mit Hanns Voith nur relativ wenig Berührungspunkte gehabt. Sein Feld war nach der Arbeitsteilung der drei Brüder die technische Leitung. Nach meiner Rückkehr ins Heidenheimer Stammhaus wuchs mir nach und nach die kaufmännische Verantwortung für das Unternehmen zu. Mein Platz war von da ab unmittelbar an der Seite von Hanns Voith. Von den drei Söhnen Friedrich Voiths war er zweifellos derjenige, der nach seinem Äußeren und seinen Neigungen am wenigsten der landläufigen Vorstellung von einem Unternehmer entsprach. Wenn es möglich gewesen wäre, hätte er sich wohl am liebsten der Philosophie oder der Musik gewidmet. Aber das Schicksal hatte gerade ihn dazu bestimmt, die Firma in schwerster Zeit wieder zu seiner alten Bedeutung zurückzuführen. Denn am 15. August 1947 starb in einem kleinen Bauernhaus in der Steiermark auch Walther Voith, der Älteste, Chef unseres Schwesterwerks St. Pölten.

Auch sein Äußeres verriet nicht den harten Manager. Hinter seinem feingeschnittenen, durchgeistigten Gesicht suchte man eher den Gelehrten oder Künstler. Im „Eisenhof", wo er nach der Beschlagnahme seiner Villa durch die Amerikaner mit seiner Familie lebte, gab schon kurze Zeit nach der Besetzung Heidenheims der mit ihm eng befreundete Cellist Ludwig Hoelscher ein Hauskonzert. Auch amerikanische Offiziere waren dazu eingeladen. Die große Autorität, die Hanns Voith sowohl in der Belegschaft als auch in der Öffentlichkeit genoß, gründete sich mehr auf seine bescheidene Lebensführung und seine soziale Einstellung als auf Funktion und Auftreten. Wie schwer es für ihn war, mit den mitunter brutalen Herausforderungen der ersten Nachkriegszeit fertig zu werden, zeigte sich bei einem dreisten Erpressungsversuch. Ein an der Pariser US-Botschaft beschäftigter Amerikaner hatte von ihm auf die Dauer von zehn Jahren die ausschließliche Vertretung der Firma Voith in der Welt verlangt. Falls er sich weigern sollte, so drohte man ihm, würde das Unternehmen demontiert und von der Exportliste gestrichen werden. Damit aber noch nicht genug. Wegen seiner Stellung unter den Nazis als Wehrwirtschaftsführer müßte er damit rechnen, eingesperrt zu werden. Hanns Voith war niemals Parteimitglied gewesen. Als Anthroposoph verabscheute er vielmehr das nationalsozialistische Gedankengut wie kaum ein anderer. Der Titel „Wehrwirtschaftsführer" war ihm allein deshalb verliehen worden, weil Voith ein namhafter Lieferant der Wehrmacht war. Aber er war keine Kämpfernatur, sondern stets ein Mann des Ausgleichs. Und so beugte er sich dieser Erpressung und unterschrieb.

Mit dem Papier fuhr ich anschließend nach Stuttgart zu der von den Amerikanern eingerichteten „Joint Export and Import Agency" (JEIA), welche die „Vereinbarung" genehmigen mußte. Der zuständige Offizier nahm den Vertrag, las ihn und zerriß ihn ohne ein Wort vor meinen Augen. Als er mein erstauntes Gesicht sah, sagte er: „Sie brauchen keine Vertretung. Schicken Sie einen Schuljungen mit einem Plakat auf dem Bauch ‚Voith kann Papiermaschinen liefern!' auf die Champs-Elysées, und Sie erhalten Aufträge, soviel Sie wollen." Gar nicht auszudenken, wenn wir an einen weniger integeren Mann geraten wären, die es in den Besatzungsbehörden auch gab. Womöglich wären wir ein ganzes Jahrzehnt lang an einen Ganoven gefesselt gewesen.

Schon kurz nach der Besetzung Heidenheims regte sich bei Voith wieder neues Leben. In unserer großen Maschinenhalle wurden amerikanische Militärlastwagen für zivile Einsätze umgerüstet, in der Turbinenhalle Lokomotiven für die Deutsche Reichsbahn repariert und in der Gießerei aus alten Metallbeständen Kochtöpfe hergestellt. Daneben setzten wir eine Montagekolonne mit dem Auftrag in Marsch, die kurz vor Kriegsende von deutschen Truppen im Kreis Heidenheim gesprengten Eisenbahnbrücken wieder instand zu setzen. Als erstes wurde die unterbrochene Verbindung nach Aalen wieder in Betrieb genommen. Es herrschte richtige Volksfeststimmung, als an einem warmen Juli-Sonntag des Jahres 1945 eine Lokomotive mit zwei – bei Voith reparierten – Waggons in Richtung Aalen startete. Hanns Voith hatte es sich nicht nehmen lassen, an der denkwürdigen Fahrt teilzunehmen. Die gute Laune wurde nicht einmal getrübt, als der Lok bei Oberkochen vorübergehend der Dampf ausging.

Weil das inflationierte Geld zu dieser Zeit nichts mehr galt, blühte überall ein schwunghafter Tauschhandel. Jeder suchte für das, was er selbst herstellen oder – wie man damals sagte – „organisieren" konnte, etwas Nützliches zu ergattern. Penibel und bürokratisch wurde in der Heidenheimer Stadtverwaltung darüber Buch geführt, was an Erzeugnissen der heimischen Industrie in andere Städte „exportiert" und von dort „importiert" wurde. So hatte praktisch jede Gemeinde eine Art „Import-Export-Bilanz". Fast der gesamte Warenverkehr vollzog sich damals auf Kompensationsbasis.

Gegenüber anderen Tauschpartnern befanden sich die Voithianer allerdings in einer ungünstigen Lage. Denn wer wollte schon Papiermaschinen und Wasserturbinen gegen Lebensmittel oder Textilien eintauschen: Als wir im Frühjahr 1947 endlich wieder die ersten Exportaufträge verbuchen konnten, wiesen wir die Besatzungsbehörden auf die Notwendigkeit hin, daß unserer Belegschaft als Ausgleich für die fehlenden Kompensationsmöglichkeiten eine Sonderzuteilung an Lebensmitteln gewährt werden müsse. Bei der katastrophalen Ernährungslage könnten die Leute die von ihnen verlangte Schwerstarbeit kaum noch leisten. Nach langen, zähen Verhandlungen mit der amerikanischen Militärregierung gelang es der Exportindustrie schließlich im Herbst 1947, Erleichterung für ihre Beschäftigten zu erreichen. Auf Anweisung der JEIA wurde ein sogenannter „Exportdevisenbonus" eingeführt. Zehn Prozent der Devisenerlöse aus allen Exportgeschäften wurden einem Bonusfonds gutgeschrieben. Als „Bonus A" diente er zur einen Hälfte dem Kauf dringend benötigter Betriebsmittel, etwa Diamanten zur Bearbeitung von Wideastählen oder Farbbändern für Schreibmaschinen. Diese primitivsten Dinge waren ohne Devisen damals einfach nicht aufzutreiben. Zur anderen Hälfte diente der Fonds als „Bonus B" der Beschaffung von Lebensmitteln und Bekleidung für die Belegschaften.

Dieser „Freßbonus", wie er unter den Voithianern genannte wurde, übte eine außerordentlich segensreiche Wirkung aus. Durch Bekanntmachung am schwarzen Brett („Betr.: Export-Bonus B") erfuhren die Werksangehörigen etwa, daß sie drei Viertel Kilo Schmelzkäse, so am 6. Oktober 1948, oder – zwei Wochen später – 900 Gramm Schweinespeck „abteilungsweise" in Empfang nehmen durften. Große Freude löste eine als „Liebesgabe Schweizer Geschäftsfreunde" angekündigte Sonderration Fett aus, die im Mai 1948 über den Betriebsrat verteilt wurde. Allerdings war die hochherzige Spende nicht ganz uneigennützig. Die Geschäftsfreunde, ein Schweizer Exporthandelshaus, verbanden mit ihrer großzügigen Zuwendung nämlich die Erwartung, zwei Papiermaschinen für einen jugoslawischen Kunden auf diese Weise etwas früher zu erhalten. Wir waren zu diesem Zeitpunkt schon wieder so ausgelastet, daß wir Bestellern Lieferfristen bis zu drei Jahren zumuten mußten. „Warum so lange?" hatten mich unsere Schweizer Partner ungläubig gefragt. „Unsere Leute haben nicht genug zu essen", lautete meine Antwort. „Wird denn die Lieferzeit kürzer, wenn wir Euch einen Camion Fett schicken?" kam postwendend die Gegenfrage. „Ja, natürlich wird sie kürzer", gab ich zurück, „aber ich kann Ihnen unmöglich sagen, um wie viele Wochen oder Monate." Es dauerte nicht lange, bis vor unserem Werkstor ein Lastzug hielt, beladen mit 3500 Kilodosen Fett. Jeder Mitarbeiter bekam eine Dose. Das war unendlich viel in einer Zeit, in der die Wochenration Butter oder Margarine 80 Gramm betrug. Kein Wunder, daß in Heidenheim das Wort von den „Fettianern" umlief. Übrigens kam der Auftrag über die Papiermaschine aus Gründen, die sich meiner Erinnerung entziehen, nie zustande, was jedoch die Freude der Belegschaft nicht im geringsten trübte.

Die Währungsreform am 20. Juni 1948 veränderte die Lage von einem Tag auf den andern. Wie von Geisterhand waren die leeren Schaufenster über Nacht wieder gefüllt. Allerdings raubte die Umstellung der inflationierten Reichsmark auf die neue Deutsche Mark im Verhältnis zehn zu eins den Menschen 90 Prozent der Ersparnisse und Guthaben. Von den verbliebenen zehn Prozent war zunächst auch nur die Hälfte frei verfügbar. Die andere

Hälfte wurde auf einem Sperrkonto gutgeschrieben. Für uns war es gar nicht so einfach, in den ersten Tagen nach der Währungsumstellung das nötige Geld für die Lohn- und Gehaltszahlungen rechtzeitig von den Banken zu erhalten. Erst nach mehrfachen Besuchen wurden uns die erforderlichen Kredite zugesagt, worauf uns die Landeszentralbank die entsprechenden Bargeldbeträge auszahlte.

Durch die Neuordnung der Währungsverhältnisse verfügten wir endlich wieder über eine feste Kalkulationsbasis und waren in unserer Preisgestaltung frei. Bis dahin war uns für unsere in Reichsmark abgeschlossenen Exportaufträge nur der immer noch geltende Stoppreis nach LSÖ (Leitsätze für öffentliche Aufträge) aus der Zeit der Nazi-Planwirtschaft vergütet worden. Allerdings war die Währungsreform für uns nicht ohne Tücken. Wir hatten beispielsweise noch zu Reichsmarkzeiten drei große Auslandsaufträge hereingenommen, die, wie in der Bizone üblich, über die JEIA unmittelbar mit unseren ausländischen Kunden verhandelt wurden. Als unser Auftraggeber fungierte das Außenhandelskontor für Nordwürttemberg/Nordbaden in Stuttgart, eine GmbH mit einem Kapital von 100 000 Reichsmark, das sich voll im Besitz der provisorischen württembergisch-badischen Landesregierung befand. Zwischen der Devisenzahlung des ausländischen Käufers an die JEIA und dem Reichsmark-Zahlungsplan des Außenhandelskontors für uns lag ein erheblicher zeitlicher Unterschied. Während die JEIA auf einen raschen Zahlungseingang drängte, haben wir vor der Währungsreform Zahlungen nur entgegengenommen, wie wir unsererseits Zahlungen für Rohstoffe und Halbfabrikate sowie für Löhne und Gehälter zu leisten hatten.

Bei dem Gesetz zur Währungsreform spielte der Tag der „bewirkten Leistung" eine wesentliche Rolle. War die Leistung schon „bewirkt" am Tag der Währungsreform, wurde die ausstehende Forderung im Verhältnis 10:1 umgerechnet. In dem Währungsgesetz war leider ein Passus, der besagte, daß für Auslandsaufträge als Tag der „bewirkten Leistung" der Tag gilt, an dem die ausländische Zahlung bei der gemeinsamen Außenhandelskasse, dem Vorgängerinstitut der Bundesbank, eingegangen ist. Das hatte für uns zur Folge, daß wir anstelle der noch ausstehenden 5 Millionen Reichsmark nur 500 000 DM erhalten sollten. Bis zur Auslieferung der Maschinen hatten wir dagegen noch Leistungen von ungefähr 5 Millionen DM zu erbringen. Mein erster Weg führte mich zum Geschäftsführer unseres Außenhandelskontors für Baden-Württemberg, unserem Vertragspartner für die Reichsmark-Zahlungen. Der hob seine Hand und sagte: Mit mir können Sie nichts machen, ich habe nur ein Kapital von 10 000 Reichsmark. Dann fuhr ich nach Frankfurt und besprach diese Angelegenheit mit dem damaligen Vorsitzenden der gemeinsamen Außenhandelskasse, Johannes Tüngeler – später Mitglied des Direktoriums der Bundesbank. Tüngeler erklärte mir gegenüber sein Bedauern, er könne uns nach dem vorliegenden Gesetz nur 500 000 Reichsmark anstelle von 5 Millionen DM bezahlen. Ich wies darauf hin, daß wir von den Verträgen zurücktreten könnten, weil darin festgehalten war, daß jeder Vertragspartner den Vertrag annullieren kann, wenn Ereignisse eintreten sollten, die für die Erfüllung des Vertrages für ihn unzumutbar waren. Nach Studium der Verträge stimmte Herr Tüngeler dieser Meinung zu. Ich fuhr fort: Dann kann ich etwa unserem Kunden telegrafieren: „Zwei Tage später nach Eingang der Rückzahlung können Sie den gleichen Betrag an die gemeinsame Außenhandelskasse überweisen, und dann erhalten wir von Ihnen die Zahlung 1:1 in DM." Herr Tüngeler stimmte auch diesem Einwand zu und erklärte: „Das Ganze ist ein Unsinn, kommen Sie, wir gehen zu Colonel Tennenbaum", der in der ersten Etage des gleichen Hauses seine Residenz hatte. Eduard Tennenbaum war Mitglied des Stabs von General Lucius D. Clay, der maßgebende Mann für die deutsche Währungsreform. Tüngeler und ich trafen Tennenbaum, als er gerade zum Mittagessen sein Büro verlassen wollte. Zwischen Tür und Angel schilderte Tüngeler den Fall, worauf Tennenbaum spontan erklärte: „Das ist Blödsinn, das Gesetz muß geändert werden." Eine Woche später rief mich Herr Tüngeler an und sagte, das Gesetz sei in unserem Sinne tatsächlich geändert worden, wir hätten jetzt kein Risiko mehr, er möchte tabula rasa machen, und ich sollte nächste Woche zu ihm nach Frankfurt kommen. Hanns Voith begleitete mich auf der Fahrt nach Frankfurt, und mit den Worten: „Herr Voith, jetzt sind Sie der König von Württemberg" überreichte uns Tüngeler einen Scheck über 5 Millionen DM. Auf der Rückfahrt kamen wir uns vor, wie der Reiter über den Bodensee. Erst nachdem wir wieder festen Boden unter den Füßen hatten, wurde uns bewußt, welch großer Gefahr wir entronnen waren. – Als ich Tüngeler 1987 zu seinem 80. Geburtstag gratulierte und an den damaligen Vorgang erinnerte, schrieb er mir zurück: „Sie und ich sind Zeugen wohl einmaliger unbürokratischer Lösungen in schwerster Zeit geworden."

Daß wir nach dem Krieg schon bald wieder volle Orderbücher hatten, war nicht verwunderlich. Viele Maschinen waren veraltet und wären in normalen Zeiten längst erneuert worden. Doch die Rüstung genoß überall höchste Priorität, nicht nur in Deutschland. Nachdem alles vorbei war, mußte das Versäumte so schnell wie möglich nachgeholt werden. So kam es, daß wir für kurze Zeit der größte Exporteur der deutschen Industrie waren. Voith erhielt sogar den ersten Auslandsauftrag des Landes Baden-Württemberg, der unter der historischen Exportnummer BW 0001 abgewickelt wurde. Eigentlich war dieses Geschäft ein in den Wirren des Kriegsendes unerledigt gebliebener Altauftrag. Bereits 1941 hatte die Firma Nordische Aluminium-AG – Nordag – im besetzten Norwegen bei Voith drei Freistrahlturbinen für ein Wasserkraftwerk bestellt. Zwei Turbinen wurden auch ausgeliefert, die dritte blieb wegen der von den deutschen Behörden erwarteten Besetzung Norwegens durch die Engländer in Heidenheim. Allerdings war sie von der Nordischen Aluminium, die eine deutsche Gesellschaft war, bereits bezahlt worden. Nach dem Krieg erschien eines Tages ein Oberingenieur dieser Firma bei uns und wollte seine Turbine holen. Doch unsere amerikanischen Kontrolloffiziere lehnten mit der Begründung, daß es sich um alliiertes Beutegut handele, ab. Zwar konnte der Oberingenieur nachweisen, daß er den Gesamtauftrag einschließlich der dritten Turbine korrekt abgerechnet hatte. Doch die Militärs beharrten auf ihrem Standpunkt und erklärten: „Die Turbine bekommen Sie nicht, wenn Sie nicht bezahlen." Der norwegische Besucher gab schließlich entnervt nach und erklärte sich bereit, noch einmal 700 000 Dollar zu zahlen. Damit war das Verwirrspiel aber noch nicht zu Ende. Auf die an uns gerichtete Bitte, über diesen Betrag eine Rechnung auszustellen, mußte ich die Amerikaner darauf aufmerksam machen, daß dies nicht gehe. Schließlich seien wir nicht mehr der Eigentümer. „Aber Sie haben doch Auslagen gehabt", entgegnete der Offizier schlitzohrig. „Ja, für Rostentfernen und einen neuen Anstrich vielleicht hunderttausend Mark", entgegnete ich etwas verlegen. Und dann haben die Amerikaner, weil es ja keinen amtlichen Wechselkurs gab, kurzerhand festgelegt: hunderttausend Mark sind gleich siebenhunderttausend Dollar! Damit war der denkwürdige Auftrag BW 0001 endlich abgewickelt – etwas unkonventionell zwar, aber nicht zu unserem Schaden.

Eines Tages – es war kurz nach Kriegsende – erschien einer „unserer" amerikanischen Besatzungsoffiziere und erbat unsere Hilfe. Aus dem zu dieser Zeit noch von US-

Truppen besetzten Thüringen, so kündigte er an, sei ein Lkw-Konvoi mit hochrangigen Wissenschaftlern samt ihren Familien, insgesamt etwa 1500 Personen, nach Heidenheim unterwegs. Bei den Evakuierten handelte es sich vor allem um Wissenschaftler und Ingenieure der Jenaer Firmen Zeiss und Schott, die als Hersteller optischer Präzisionsgeräte Weltruf genossen. Kurz bevor die Russen den Bestimmungen von Jalta gemäß in Jena einmarschieren durften, hatten die Amerikaner die technisch-wissenschaftlichen Spitzenkräfte mit ihrem nötigten Hab und Gut auf Lastwagen verladen. Heidenheim hatten sie als Bestimmungsort deshalb gewählt, weil sich die leerstehende Polizeischule auf dem Schloßberg als provisorische Bleibe anbot.

Die uns, das heißt unseren Ingenieuren von den Amerikanern zugedachte Aufgabe war es nun, die Ankömmlinge in die drei Kategorien „hervorragende, international anerkannte", in „gute" und eher „durchschnittliche" Wissenschaftler einzustufen. Wie das Peenemünder Raketenforscher-Team um Wernher von Braun wollten sie die eigentlichen Top-Leute „herausfischen" und nach Amerika bringen. Zu den Evakuierten gehörten auch die beiden führenden Männer von Zeiss-Jena, Professor Walther Bauersfeld und Dr.-Ing. Heinz Küppenbender. Beiden gelang es jedoch, ihr Unternehmen im Westen neu aufzubauen. In Oberkochen, 15 Kilometer nördlich von Heidenheim, entstand mit persönlicher Unterstützung durch Hermann Josef Abs, einem alten Freund Küppenbenders aus Vorkriegszeiten, die neue Firma Zeiss.

Im Jahre 1949 reiften im Hause Voith konkrete Pläne, die Rechtsform zu ändern. Dafür gab es zwingende Gründe. Solange mehrere voll haftende Inhaber an der Spitze des Unternehmens gestanden hatten, war die OHG die uns gemäße Gesellschaftsform gewesen. Nach dem Tode seiner Brüder aber war Hanns Voith der einzige geschäftsführende Gesellschafter. Zu diesem Zeitpunkt bereits fast 65 Jahre alt, sah er in den nachfolgenden Generationen niemanden, der an seiner Stelle irgendwann die Stafette hätte übernehmen können. Hinzu kam, daß die noch auf die Alliierten zurückgehende damalige Steuergesetzgebung OHG-Gewinne in extremer Weise dem Zugriff des Fiskus unterwarf. So entschlossen wir uns, mit der Aufstellung der DM-Eröffnungsbilanz die Firma zum 1. 1. 1950 in eine GmbH umzuwandeln. Alleinvertretungsberechtigter Geschäftsführer wurde Hanns Voith. Als stellvertretende Geschäftsführer fungierten Otto Rupp und ich als die beiden Kaufleute in der Geschäftsführung sowie Richard Lang für den Papiermaschinenbau, Hans-Faic Canaan für den Turbinenbau und Walther Wolf für den Betrieb und die Gießerei. Aus Anlaß meines 25jährigen Dienstjubiläums berief mich Hanns Voith 1957 als weiterer Geschäftsführer an seine Seite.

Zu diesem Zeitpunkt konnte Voith auf ein Jahrzehnt stürmischen Aufschwungs zurückblicken. Bereits 1950 beschäftigte das Unternehmen wieder wie vor dem Krieg

Einweihung der neuen Versuchsanstalt durch Hanns Voith (im Bild unten links stehend) im Jahr 1952.

Das Voith-Firmengelände in Heidenheim im Jahr 1953.

*Anläßlich des 70. Geburtstags von Hanns Voith im April 1955
(von links): Karl Rabus, Fritz Kugel, Hanns Voith, Karl Schmidt,
Karl Bachmann, Hugo Rupf, Fritz Zimmermann.*

4000 Mitarbeiter. Eine lang andauernde Hochkonjunktur bei Papiermaschinen bescherte uns volle Auftragsbücher. 1953 wurde die damals schnellste Zeitungsdruck-Papiermaschine Europas für die Feldmühle fertiggestellt. Mit besonderem Stolz erfüllte die Voithianer 1961 die Lieferung einer Maschine für die finnische Papierfabrik Warkaus. Sie hatte eine Breite von 8300 Millimetern, lief mit 750 Metern in der Minute und produzierte am Tag etwa 350 Tonnen Zeitungspapier. Ähnlich positiv war die Bilanz im Turbinenbau. Mit dem Turbinenauftrag Nummer 15 000 in unserer Geschichte konnten wir 1950 erstmalig Geschäftsbeziehungen mit Indien aufnehmen. Auch in unserem dritten Unternehmensbereich, der Antriebstechnik, erlebten wir einen beispiellosen Boom. Entscheidenden Anteil hatte daran die Deutsche Bundesbahn, die uns mit ihrem Verdieselungsprogramm zwang, unsere Produktion von Turbogetrieben ständig weiter zu erhöhen.

Wenn Voith nach dem Krieg schon relativ schnell wieder seine frühere Marktstellung zurückgewinnen konnte, so lag dies zwar sicherlich in erster Linie an seiner exzellenten Technik und an der Qualität seiner Produkte. Ohne die „Entfesselung" der Wirtschaft vom dirigistischen Gängelband des Staates wäre jedoch dieser Erfolg kaum möglich gewesen. Aus heutiger Sicht mag die Einführung einer freien, sozial verpflichteten Marktwirtschaft die einzig denkbare Entscheidung gewesen sein. Doch damals, nicht einmal fünf Jahre nach dem Zusammenbruch, erschien angesichts des noch überall herrschenden Mangels der Gedanke, die Wirtschaft ganz von der allgegenwärtigen Kontrolle der Bürokratie abzukoppeln und dem freien Spiel von Angebot und Nachfrage zu überlassen, als ein tollkühnes, nicht zu verantwortendes Abenteuer. Es bleibt Ludwig Erhards historisches Verdienst, seine ordnungspolitischen Vorstellungen gegen vielfältige Widerstände mit Mut und Überzeugungskraft durchgesetzt zu haben.

6. „Herr Stinnes, wir sind voll!"

Alte und neue Kunden – und Konkurrenten

Ein halbes Jahr nach der Währungsreform, im Januar 1949, stattete uns Hugo Stinnes junior einen Besuch ab. Der Träger eines großen Namens – sein Vater, der „König von der Ruhr", kontrollierte in den zwanziger Jahren ein gigantisches Montanimperium – hatte gute Gründe, persönlich nach Heidenheim zu reisen. Stinnes, zusammen mit Friedrich Flick zu jeweils 25 Prozent an der Feldmühle Papier- und Zellstoffwerke AG, Düsseldorf beteiligt und obendrein ihr Aufsichtsrats-Vorsitzender, hatte seinen Vorstandschef Oswald Dietrich mitgebracht. Doch was er von uns wollte, erklärte er uns selbst: zwei große Papiermaschinen – und die möglichst schnell. Ungeduldig fragte er: „Ein Angebot brauche ich nicht, wann bekomme ich die Maschinen?" Ich sehe heute noch sein erstauntes Gesicht, als ihm der damalige Direktor unseres Papiermaschinenbaus antwortete: „Die erste Maschine erhalten Sie in vier Jahren." Als sich Stinnes von dem Schrecken erholt hatte und nach den Gründen für die lange Lieferfrist fragte, antwortete unser Mann gänzlich ungerührt: „Herr Stinnes, wir sind voll!" Damit gab sich Stinnes jedoch noch nicht zufrieden. „Was ist los mit euch", fragte er etwas ungehalten zurück. – „Werkstattarbeiten könnten wir ja zur Not noch in weniger gut beschäftigte Fabriken auslagern, aber unser Engpaß ist die Konstruktion, wir können nicht so viele neue Konstrukteure auftreiben, wie es notwendig wäre."

„Wie viele Konstrukteure brauchen Sie für meine beiden Papiermaschinen?"

„Fünfzig würden sicherlich reichen."

„Ich schenke jedem der fünfzig Konstrukteure ein Einfamilienhaus, wenn ich die erste Maschine in zwanzig Monaten und die zweite acht Monate später erhalte", war die Antwort von Herrn Stinnes.

Ich mußte ihm leider auch diesen Zahn ziehen: „Das ist zwar ein generöses Angebot, Herr Stinnes, aber berücksichtigen Sie zur Zeit bitte, daß wir in Heidenheim etwa 500 Ingenieure beschäftigen. Ich kann nicht den fünfzig Auserwählten ein Einfamilienhaus schenken lassen, nur damit Sie Ihre Papiermaschine schneller bekommen." Er hat dann trotzdem eine Maschine bei uns bestellt, die zweite allerdings bei unserem Konkurrenten Dörries in Düren.

Die kleine Episode macht deutlich, daß wir uns in einer sehr viel besseren Lage befanden als viele andere Unternehmen, die nach dem Krieg buchstäblich wieder bei Null anfangen mußten. Wir dagegen konnten meist nahtlos an unsere lediglich unterbrochenen Geschäftsbeziehungen anknüpfen. Wer früher Papiermaschinen und Wasserturbinen von Voith gekauft hatte, bestellte auch jetzt wieder bei uns. Dabei kam uns zugute, daß sich während des Krieges ein beträchtlicher Investitionsbedarf aufgestaut hatte. Da die Papiererzeugung unter den Nazis nicht als kriegswichtig galt, bestand für die Hersteller ein Investitionsverbot. Einigen Produzenten gelang es trotzdem, durch Umbauten oder Modernisierungen bestehender Anlagen ihre Kapazitäten zu erweitern. Bei Wasserturbinen profitierten wir von der mit dem Wiederaufbau der deutschen Wirtschaft wachsenden Energieknappheit. Vor allem in Bayern wurden neue Flußkraftwerke errichtet, im Schwarzwald entstanden die ersten Speicherkraftwerke.

Auch zum Ausland waren unsere bewährten Lieferbeziehungen nicht abgerissen. Sogar aus Polen erhielten wir schon Anfang 1948 einen großen Auftrag. Voith hatte vor dem Krieg in Odermünde eine Papiermaschine errichtet. Nach dem Einmarsch der Roten Armee hatten die Russen nichts Eiligeres zu tun, als die Anlage bis auf die Stümpfe der Kabel zu demontieren und bei sich wiederaufzubauen. Jetzt wollten die Polen so schnell wie möglich eine neue Papiermaschine haben, weil sie dringend Zeitungsdruckpapier brauchten. Natürlich hätte auch die englische oder amerikanische Konkurrenz liefern können, aber Voith war Vorlieferant, und nach unserer Maschine war seinerzeit das gesamte Gebäude entworfen worden. Anschlußorders erhielten wir auch schon kurz nach dem Krieg wieder aus der Türkei. In der Stadt Izmit, dem Zentrum der türkischen Papierindustrie, zwischen Istanbul und Ankara gelegen, hatten wir bereits Anfang der dreißiger Jahre die ersten Maschinen installiert. Heute sind knapp ein Dutzend davon in Izmit im Einsatz.

Lieferanten von großen Maschinen und Anlagen entwickeln zu ihren Kunden meist ein intensiveres und persönlicheres Verhältnis als Hersteller auf Vorrat produzierter Standardartikel. Eine neue große Papiermaschine zu bestellen, bedeutet einschließlich des elektrischen Teils und des Baus der Anlage eine mehrere hundert Millionen umfassende Investition vorzunehmen. Ein Vertragsabschluß dieser Art wird meistens auf oberster Ebene vorgenommen und setzt ein Höchstmaß gegenseitigen Vertrauens voraus. Der Besteller muß sich darauf verlassen können, daß der Lieferant die Maschine spätestens nach zwei Jahren pünktlich übergibt, der Lieferant muß fest damit rechnen können, daß der Käufer den vereinbarten Preis fristgerecht bezahlt. Als ich bei Voith anfing, wurde keine Papiermaschine verkauft, ohne daß nicht Hermann Voith persönlich seine Unterschrift unter den Vertrag gesetzt hätte. Nach dem Krieg übernahm Hanns Voith die Aufgabe, den Kontakt zu den wichtigsten Kunden zu pflegen.

Einer seiner engsten ausländischen Freunde war der finnische Papierindustrielle Erik Serlachius. Beide kannten sich aus gemeinsamen Dresdner Studientagen und aus ihrer Zugehörigkeit zum Akademischen Sportverein. Nach der Rückkehr nach Finnland errichtete Serlachius 300 Kilometer von Helsinki entfernt in einer Waldregion eine der modernsten Papierfabriken. Wiederholt war er zu Besuch in Heidenheim, wie umgekehrt Hanns Voith öfter nach Finnland reiste.

Die engen freundschaftlichen Beziehungen zwischen Maschinenhersteller und großen Kunden ergaben sich vielfach auch aus einer gewissen Wesensverwandtschaft. Gerade die Papierindustrie war in den ersten Nachkriegsjahren noch stärker durch Familienunternehmen geprägt, als das im Zeitalter internationaler Konzerne heutzutage der Fall ist. Man verstand sich unter anderem auch deshalb so gut, weil man wirtschaftlich und gesellschaftlich den gleichen Status besaß. In Italien war einer der führenden Papierproduzenten Graf Sterzi, der nebenbei ein leidenschaftlicher Autorennfahrer war. Der wollte – ich weiß nicht mehr genau, in welchem Jahr – unbedingt noch einige Tage vor Weihnachten eine Entscheidung über den Kauf einer Papiermaschine treffen und wünschte mich aus diesem Grunde dringend zu sprechen. Ich war sehr verärgert, weil ich wichtige Kundentermine in Finnland wahrzunehmen hatte, sagte wegen der Bedeutung des Auftrages dann allerdings zu einem Kurzbesuch zu. Ich käme aber nur, so kabelte ich Graf Sterzi, wenn er mir am Abend seine Loge in der Mailänder Scala zur Verfügung stellte. Ich stieg also wohlgemut in Hamburg in den Schlafwagen, doch schon in Hannover hieß es: „Alles aussteigen, Achsen heißgelaufen!" In einem Abteilwagen mußte ich die Fahrt fortsetzen und kam völlig übermüdet in Mailand an. Trotzdem ließ ich mir den Abend in der Scala nicht nehmen. Ich erlebte eine denkwürdige „Othello"-Aufführung mit der unvergeßlichen Maria Callas. Das Publikum war derart hingerissen, daß nach der Selbstmord-Szene im dritten Akt Othello die umjubelte Arie noch einmal sang und sich ein zweitesmal erstach. Nachdem ich den Auftrag unterzeichnet hatte, kam ich gerade noch rechtzeitig am Heiligen Abend in Heidenheim an.

Auch mit unseren schwedischen Kunden entwickelten sich schöne Freundschaften. Langjährige Geschäftsverbindungen hatten wir vor allem mit der Firma Holmens Bruk in Norrköping, einer der ältesten Papierfabriken des Landes. Bereits im Jahre 1913 lieferten wir unsere erste Maschine an diese Firma aus. In den folgenden Jahrzehnten erhielten wir nahezu alle Aufträge. Das gute geschäftliche Einvernehmen wurde zusätzlich durch die gemeinsame Mitgliedschaft in der rotarischen Bewegung unterstützt. Allein in Norrköping, einem kleinen Städtchen etwa von der Größe Heidenheims, gibt es nicht weniger als vier Rotary Clubs. Wie bei unseren schwedischen Gastgebern, so mußten wir auch bei unseren finnischen Freunden eine gehörige Trinkfestigkeit unter Beweis stellen. Da die Papierfabriken weitab der großen Städte in schwachbesiedelten Waldgebieten liegen, endete der private Teil unserer Zusammenkünfte meist mit einer üblen Sauferei. Man erzählte sich eine Geschichte, von der ich allerdings nicht weiß, ob sie sich wirklich abgespielt hat. Sie soll sich vor meinem Eintritt in die Firma zugetragen haben. Die finnische Firma Kymene hatte einen Großauftrag zu vergeben. Der damalige Chef war ein General namens Walden, der Vertreter dreier Anbieterfirmen zu einem Abendessen eingeladen hatte: Füllner aus Bad

Warmbrunn, Walmsley aus England und Voith. Sinngemäß soll er seinen Gästen erklärt haben: „Ich weiß nicht, wem ich den Auftrag geben soll, Eure Angebote sind ziemlich gleich. Ich mache den Vorschlag, daß derjenige den Auftrag bekommt, der als letzter betrunken unter den Tisch fällt." Unser damaliger Verkaufsdirektor Walter Heller soll am längsten durchgehalten haben und obendrein so gewitzt gewesen sein, einen Bierdeckel unter den Tisch mitzunehmen, um General Walden unterschreiben zu lassen. Walden konnte sich am nächsten Morgen natürlich an nichts mehr erinnern. Unser Mann präsentierte ihm jedoch seine Unterschrift auf dem Bierdeckel, und so sind wir an unseren Auftrag gekommen. Wie gesagt, ob sich die Geschichte so oder ähnlich zugetragen hat, weiß ich nicht. Aber sie illustriert treffend die feuchtfröhliche Atmosphäre, in der der inoffizielle Teil unserer Gespräche ablief.

Was uns als Maschinenhersteller seit jeher zu schaffen macht, ist eine extrem zyklische Investitionspraxis unserer Kunden. Jahrelang läuft kaum etwas, wenn dann plötzlich einer bestellt, ziehen alle nach. Hinter diesem Verhalten steckt mehr als nur purer Nachahmungstrieb. Wer nicht reagiert, wenn ein Konkurrent eine leistungsfähigere und damit meist auch wirtschaftlichere Anlage bestellt, läuft Gefahr, seine Marktstellung zu schmälern. Der Zwang, am Ball zu bleiben, ist dann besonders groß, wenn nur zwei große Anbieter die Szene beherrschen, wie beispielsweise in Deutschland bei Zeitungsdruckpapier.

Wie sehr ein solcher „Herdentrieb" einen Lieferanten ins Schwitzen bringen kann, erlebte ich in den sechziger Jahren auf besonders drastische Weise. Wir hatten viele Jahre vergeblich versucht, einen Papiermaschinen-Auftrag mit einer größeren Arbeitsbreite hereinzuholen. Unsere breiteste Maschine war 4,80 Meter. Die hatten wir im Jahre 1913 in Schweden aufgestellt. Jetzt ergab sich plötzlich die Möglichkeit, für einen finnischen Kunden eine Anlage von 8,30 Metern zu bauen. Das war technisch ein großer Sprung. Die Chance, einen Zwischenschritt einzulegen, sah ich in der Absicht eines schwedischen Papierherstellers, eine Maschine von 7,50 Metern zu bestellen. Noch von Helsinki aus telefonierte ich mit dem Generaldirektor, mit dem ich befreundet war, doch vermied er mit allerlei Ausflüchten eine Entscheidung. So schlossen wir mit dem finnischen Kunden die größere Anlage ab – und dies zu sehr schlechten Konditionen. Wir kamen als glückliche Sieger nach Heidenheim zurück, wo im Hause von Hanns Voith gerade eine Nikolausfeier stattfand. Drei Tage später kam ein Fernschreiben aus Norrköping, in dem wir zu Abschlußverhandlungen mit der schwedischen Firma eingeladen wurden, die wir mit Erfolg abschließen konnten. Wenige Wochen später, am Dreikönigstag des neuen Jahres, rief mich plötzlich Georg Haindl, Geschäftsführender Gesellschafter der G. Haindl'schen Papierfabriken in Augsburg, an und erklärte: „Du, ich will jetzt auch so eine neue Maschine."

Eine dritte große Maschine innerhalb von vier Wochen! Wie sollten wir das schaffen? In meiner Ratlosigkeit flehte ich ihn an: „Schorsch, bitte, wart' noch ein Vierteljahr!" Aber auch unsere langjährige Freundschaft konnte ihn nicht erweichen: „Wenn du nicht kannst, dein Konkurrent kann's." Um zu verhindern, daß in Haindls Werk in Schongau, wenige hundert Kilometer von uns entfernt, eine amerikanische Maschine aufgestellt wurde, nahmen wir auch noch diesen Auftrag herein. Damit hatten wir in nur vier Wochen drei große Maschinen von unterschiedlicher Größe und Konstruktion abgeschlossen – drei Maschinen, um die wir uns zehn Jahre lang vergeblich bemüht hatten.

Wie zur Firma Haindl, die nahezu ausschließlich auf Voith-Maschinen produzierte, unterhielten wir auch zu deren Hauptkonkurrenten Holtzmann in Weisenbach/

Murgtal von jeher enge Beziehungen. Als Familiengesellschaft hatte es das Unternehmen zunehmend schwer, die Finanzierung für seine Investitionen sicherzustellen. Ich habe dann nach tastenden Vorgesprächen mit Haindl den Holtzmann-Gesellschaftern eine Fusion beider Firmen vorgeschlagen. Kartellrechtliche Probleme hätte es nicht gegeben, denn die verschärfte Fusionskontrolle war noch in der Gesetzgebung. Doch die Fusionsverhandlungen schleppten sich unerwartet lange hin. Als sich beide Seiten endlich einig geworden waren, hatte das Berliner Kartellamt bereits die gesetzliche Handhabe, um den Zusammenschluß zu untersagen. Zur Verbreiterung ihrer Kapitalbasis nahm Holtzmann später den Verlag der „Westdeutschen Allgemeinen" in Essen als 25prozentigen Gesellschafter auf. Wie gut das Verhältnis zwischen Voith und seinem Kunden Holtzmann war, läßt sich allein daran erkennen, daß mich die Familie Holtzmann bat, in ihren Aufsichtsrat einzutreten und den Vorsitz zu übernehmen – eine bei dieser Konstellation sicherlich ungewöhnliche Berufung. Ich glaube, einiges dazu beigetragen zu haben, daß in die nicht immer störungsfrei arbeitende Führung wieder Harmonie einkehrte.

In einer besonders heiklen Mission mußte ich auch bei einem anderen Kunden, der Zellstoffabrik Waldhof AG in Mannheim, aktiv werden. In der Hauptversammlung der Gesellschaft gab sich 1969 völlig überraschend der Aktienspekulant Hermann D. Krages als heimlicher Aufkäufer von 50,6 Prozent des Kapitals zu erkennen. Mit seiner Mehrheit ließ er die Dividende streichen, verweigerte dem Vorstand die Entlastung und bescheinigte dem von Hermann Josef Abs geführten Aufsichtsrat Unfähigkeit. An seiner Absicht, die von ihm abgelehnten Aufsichtsratsmitglieder abzuwählen, ließ er nicht den geringsten Zweifel aufkommen. Krages hatte zunächst das väterliche Holzgeschäft im Bremer Freihafen weitergeführt und im siegerländischen Scheuerfeld eine Fabrik für Holzfaserplatten errichtet. Aus dieser Zeit kannte ich ihn. Er hatte bei uns sogenannte Defibratoren zur Auflösung von Stoffasern bestellt, die er nach der Währungsreform jedoch nicht voll bezahlen konnte. Er verdankte es meiner Großzügigkeit, daß wir ihn nicht in den Konkurs gehen ließen, sondern ihm langfristige Zahlungsziele einräumten. Er verkaufte dann seine gesamten Holzvorräte, machte sich damit flüssig und stieg über die Börse zu extrem niedrigen Kursen in Unternehmen der Montanindustrie und später auch anderer Branchen ein. Mit dem heimlichen Aufkaufmanöver bei Waldhof landete Krages seinen letzten großen Coup. Auf Bitten von Wilfried Guth von der Deutschen Bank, der von meinem Kontakt zu Krages wußte, fuhr ich an dessen Wohnsitz im schweizerischen Chur, um ihn vor den Folgen seiner Personalpolitik zu warnen. Wenn er den Vorstand und die Mitglieder des Aufsichtsrates vor die Tür setzen sollte, werde er kaum noch akzeptable Männer für die vakanten Positionen finden. Sollte er die Mehrheit aber nur für ein lukratives Aktienhandelsgeschäft erworben haben, so riete ich ihm, sein Paket möglichst schnell wieder zu verkaufen. Ein Vierteljahr später veräußerte er seine Waldhof-Aktien tatsächlich an die Bayerische Hypotheken- und Wechselbank, die bereits die Majorität bei den Aschaffenburger Zellstoffwerken hatte und beide Firmen 1970 miteinander zur heutigen PWA Papierwerke Waldhof-Aschaffenburg AG verschmolz.

So erfolgreich wir nach dem Zweiten Weltkrieg an die unterbrochenen Geschäftsbeziehungen zu unseren bewährten Papiermaschinenkunden wieder anknüpfen konnten, so sehr veränderte sich die Situation auf der Anbieterseite. Bis zum Ausbruch des Krieges hatten wir in Finnland, einem der größten Papierproduzenten, einen riesigen Markt. Fast ein Drittel unserer Heidenheimer Kapazität im Papiermaschinenbau war mit Finnland-Aufträgen ausgelastet. Nach 1945 begann das Land jedoch, eine eigene Papiermaschinen-Industrie aufzubauen – mit öffentlichen Mitteln und amerikanischem Know-how. Das finnische Staatsunternehmen Valmet beherrscht heute nicht nur den skandinavischen Markt, sondern hat sich darüber hinaus mit Hilfe politischer Rückendeckung und dank abwertungsbedingter Währungsvorteile weltweit in die Spitzengruppe der führenden Anbieter vorgeschoben. Härter wurde der internationale Wettbewerb zudem durch die Globalisierungsstrategie unseres amerikanischen Konkurrenten Beloit in Beloit/Wisconsin. Lange Zeit hatte sich der größte US-Hersteller von Papiermaschinen auf seinen Heimatmarkt beschränkt. Ohne daß es irgendwelche Absprache gegeben hätte, lieferten wir unsererseits nicht nach drüben. Nach dem Krieg bekamen die Amerikaner plötzlich Appetit auf Europa. Sie kauften eine kleinere Fabrik in Italien und bauten sie mit beträchtlichem finanziellen Aufwand aus. Dasselbe machten sie mit unserem englischen Wettbewerber Walmsley. So scharf uns der Wind der Konkurrenz in den letzten Jahren auch ins Gesicht wehte, konnte Voith seine führende Position auf den wichtigsten Märkten weltweit gut behaupten.

Nahm die Zahl unserer ausländischen Mitanbieter zu, so gelang es uns im Inland, mit der Dürener Firma Dörries einen alten Konkurrenten zu übernehmen. Otto Dörries war ein ungewöhnlich dynamischer Unternehmer. Er wurde bereits mit 31 Jahren 1927 in den Vorstand der Maschinenfabrik Wagner & Co. in Käthen berufen und konnte wenig später unseren Mitwettbewerber Füllner im schlesischen Bad Warmbrunn unter seine Kontrolle bringen, mit dem wir – wie schon erwähnt – vor allem bei Zeitungsdruckpapier-Maschinen in heftiger Konkurrenz standen. In den von Dörries geleiteten Firmenverbund gehörte schließlich noch das Dürener Unternehmen Banning & Seybold, das vor allem Anlagen zur Herstellung gestrichener Papiere fertigte. Die Dörries-Gruppe mußte durch den Krieg schwere Verluste hinnehmen. Füllner fiel an die Polen, das Dürener Werk Banning & Seybold, das nunmehr unter dem Namen O. Dörries AG firmierte, wurde durch Bomben weitgehend zerstört. Otto Dörries gelang es jedoch, das Unternehmen wiederaufzubauen und zu neuer Blüte zu führen.

Noch kurz vor seinem Tode im Jahre 1958 standen wir uns als harte Konkurrenten gegenüber. Die Feldmühle wollte für ihr Werk in Arnsberg die für die damalige Zeit größte Kartonmaschine aufstellen. Zu meiner großen Überraschung teilte mir Feldmühle-Generaldirektor Oswald Dietrich mit, daß Dörries eine wesentlich kürzere Lieferfrist als wir akzeptiert hatte und daß dies den Ausschlag für die Auftragsvergabe gewesen sei. Ich sagte ihm: „Herr Dietrich, ich fresse einen Besen, wenn Dörries diese Lieferfrist einhält." Er hielt sie tatsächlich ein. Bei der feierlichen Einweihung lag für mich in Abwesenheit auf dem mir zugedachten Platz ein kleiner Besen aus Marzipan.

Otto Dörries hatte, was er nach außen nie offengelegt hatte, an seinem Unternehmen nur einen Anteil von 5o Prozent gehabt. Die restliche Hälfte gehörte der nach Amerika emigrierten jüdischen Familie Kohn. Eines Tages rief mich Herr Kohn an, um mich zu fragen, ob wir am Kauf seines Anteils interessiert seien. Bei einem Gespräch im „Frankfurter Hof" in Frankfurt einigten wir uns relativ schnell auf die Übernahmebedingungen. Da wir den Umsatz von Dörries kannten und genau wußten, was an Papiermaschinen zu verdienen war, lagen unsere Preisvorstellungen von Anfang an nahe beieinander. Im April übernahmen wir dann Kohns Anteil. Zusätzlich mußten wir uns verpflichten, Otto Dörries' Witwe Tilly ein Kaufangebot zu denselben Konditionen zu unterbreiten. In zwei Schritten erwarben wir auch ihre Aktien, so daß wir im Oktober 1971 alleiniger Eigentümer waren.

Von all unseren Mitwettbewerbern ist die Firma Escher-Wyss in Ravensburg dasjenige Unternehmen, mit dem uns von jeher das intensivste Konkurrenzverhältnis verbindet. Das erklärt sich allein aus der Tatsache, daß die deutsche Tochtergesellschaft des Schweizer Sulzer-Konzern mit Papiermaschinen und Turbinen dasselbe Produktionsprogramm wie Voith hat. Gegründet hatte die Firma 1805 in Zürich der einer reichen Seidenfabrikanten- und Handelsfamilie entstammende Hans Caspar Escher mit Hilfe seines Ratgebers und Finanziers Salomon von Wyss, eines Bankiers. Ursprünglich als Spinnerei gestartet, entwickelte sich das Unternehmen unter der dynamischen Führung seines Gründers sehr bald zu einem namhaften Hersteller von Spinnmaschinen, Wasserrädern, Pumpen und bald auch von Maschinen sowie Sägerei- und Mühleneinrichtungen. Die Firma hatte so einen guten Ruf, daß der junge Friedrich Voith ein Jahr seiner Ausbildung bei Escher-Wyss in Ravensburg verbrachte, wo die Schweizer ein Zweigwerk errichtet hatten.

In der Weltwirtschaftskrise geriet Escher-Wyss mit seinem hohen Exportanteil von annähernd 80 Prozent in große Schwierigkeiten. Nachdem ein Bankenkonsortium die Firma vor dem Schlimmsten bewahrt hatte, übernahm 1937 Jacob Schmidtheiny, dem bedeutende Ziegeleien gehörten, Anteile und Führung. Er war ein Bruder des späteren „Zement-Königs" Ernst Schmidtheiny und schaffte es, das Unternehmen wieder auf Erfolgskurs zu führen.

In den sechziger Jahren übernahm die Firma Sulzer/Winterthur 50% des Kapitals der Firma Escher-Wyss in Zürich und etwa zehn Jahre später das gesamt Escher-Unternehmen.

Ich war von jeher davon überzeugt, daß Sulzer mit Escher-Wyss in Ravensburg und Voith in idealer Weise ihre internationale Marktstellung durch ein Zusammengehen stärken könnten. An Versuchen hat es hüben wie drüben nicht gefehlt. Mal sperrten sich die Schweizer, mal scheiterte eine engere Verbindung an einem der beiden Voith-Familienstämme. Unter dem Eindruck der weltweiten Rezession und des gleichzeitig zunehmenden Konkurrenzdrucks kamen Voith und Sulzer Anfang 1994 schließlich doch überein, ihr Geschäft mit Papiermaschinen in einem Gemeinschaftsunternehmen mit dem Namen „Voith Sulzer Papiertechnik" zusammenzufassen. Die Produktionsprogramme beider Unternehmen ergänzen sich bestens: Während sich Voith auf breite Maschinen für Massenpapiere spezialisiert hat, liegt die Stärke Sulzers vor allem bei mittleren und kleineren Anlagen für Karton, Verpackung und graphische Papiere. Mehr als zwanzig Jahre nach meinem Ausscheiden aus der aktiven Unternehmenspolitik ist der damaligen Geschäftsführung unter Michael Rogowski ein strategischer Schritt geglückt, der nach meiner festen Überzeugung die Zukunft der Voith-Gruppe sichern helfen wird.

7. „Mister Export"

Mitarbeit im IMA, bei Hermes und in der KfW

„Globalisierung" lautet eine jener magischen Zauberformeln, mit denen Strategieberater und Management-Gurus orientierungslosen Unternehmern den Weg in eine sichere Zukunft weisen. In der Tat wird es für immer mehr Industriebranchen eine Überlebensfrage, ob sie auch auf den Heimatmärkten ihrer Hauptkonkurrenten, vor allem in Amerika und Japan, bestehen können. Welches anspruchsvollere Prädikat kann sich ein Anbieter heute zumessen, als ein „Global Player" zu sein?

Blickt man auf die Geschichte des Hauses Voith zurück, so ist man überrascht, wie früh sich das Unternehmen auf internationale Gefilde vorwagte, mit welchem Mut unsere Altvorderen im Wettbewerb mit teilweise sehr viel größeren Firmen weltweit Flagge zeigten. Verbrieft ist, daß schon der „Mechanicus" Johann Matthäus Voith, dessen kleine Werkstatt kaum mehr als lokale Bedeutung hatte, seine interessierten Blicke über die Grenzen hinweg auf das europäische Ausland richtete. Im Jahre 1855 gehörte er zu den fünf Handwerkern, die von der Zentralstelle für Gewerbe und Handel des Ferdinand Steinbeis einen Zuschuß von 40 Gulden zum Besuch der Pariser Weltausstellung erhielten. Von der Musterschau des technischen Fortschritts kehrte er mit der Gewißheit nach Heidenheim zurück, daß er nur mit einer industriellen Produktionsweise konkurrenzfähig bleiben werde. Friedrich Voith setzte nach der Übernahme des väterlichen Betriebs im Jahre 1867 die internationale Ausrichtung des Geschäfts verstärkt fort. In einem 1889 von der Deutschen Export-Bank in Berlin herausgegebenen Buch über „Württembergs Großindustrie" war über Voith zu lesen: „Wer heute irgendeine bedeutende Papier-, Holzstoff- oder Zellulose-Fabrik in Deutschland, Österreich, in der Schweiz, in Rußland, in Frankreich und Italien besichtigt, der wird gewiß darin irgendein Werk in Tätigkeit erblicken, das aus diesem schwäbischen Etablissement hervorgegangen ist." Man muß hinzufügen, daß zu dem Zeitpunkt, da dieses Buch erschien, Voith noch nicht mehr als 300 Mitarbeiter beschäftigte.

Der Drang hinaus in die Welt wurde im Laufe der Jahrzehnte immer mehr zur Existenzfrage für das Werk. Denn der heimische Markt allein hätte keine kontinuierliche Auslastung der Werkstätten garantiert. Im Jahre 1903 reiste im höheren Auftrag ein kanadischer Ingenieur nach Europa, um mit geeigneten Firmen für ein bedeutendes Energieprojekt in Verbindung zu treten. Die Ontario Power Co. hatte die Entscheidung getroffen, die gewaltige Wasserkraft der Niagarafälle zur Stromgewinnung zu nutzen. Allerdings stand Voith trotz seiner bis dahin im Turbinenbau schon errungenen Erfolge nicht auf der Besuchsliste des Kanadiers – vermutlich weil es als zu klein für eine Aufgabe galt, wie sie das Niagara-Projekt darstellte. Während eines Amerika-Aufenthaltes erfuhr jedoch Walther Voith von der interessanten Mission und alarmierte seine Kollegen in Heidenheim. Denen gelang es, den Kanadier irgendwo auf seiner Europa-Reise aufzuspüren. Am Ende erhielt Voith den Auftrag über die Lieferung von zwölf Francis-Turbinen von je etwa 12 000 PS für ein Gefälle von 53 Metern. Das Geschäft ließ die internationale Fachwelt aufhorchen, denn es handelte sich um die damals größten Wasserturbinen der Welt. Wenn Voith vor dem Niagara-Projekt bei manchen noch nicht als Weltunternehmen gegolten hatte – mit der reibungslosen Abwicklung dieses Mammutauftrages konnte der Firma diesen Ruf niemand mehr streitig machen. Als der erste Bundespräsident Theodor Heuss während eines Staatsbesuches vor beiden Kammern des kanadischen Parlaments eine Rede hielt und dabei auch auf seinen Abstecher zu den Niagara-Fällen zu sprechen kam, konnte er sich nicht verkneifen hinzuzufügen: „Und Sie verübeln mir nicht meinen leichten Stolz: Als vor sechzig Jahren der Wassersturz zur Kraftgewinnung domestiziert wurde, lieferte meine engere Heimat die ersten Turbinen." – Übrigens sind sie nach mittlerweile über neunzig Jahren immer noch im Einsatz.

Seit ich als junger Berufsanfänger in Heidenheim und verstärkt während meiner Berliner Jahre im Zeichen der von den Nazis eingeführten Devisenbewirtschaftung und bürokratischen Kontrolle des deutschen Außenhandels große Ausfuhrgeschäfte zu bearbeiten hatte, nahmen Fragen des Exports bei meiner Arbeit einen breiten Raum ein. Nach dem Krieg waren es vor allem die Verhandlungen mit der alliierten „Joint Export and Import Agency" (JEIA), über die alle internationalen Geschäfte abgewickelt wurden. Auch wenn Voith nach 1945 relativ schnell seine unterbrochenen Lieferbeziehungen zu langjährigen Auslandskunden wiederaufnehmen konnte, so war dieser Glücksfall keineswegs für die gesamte deutsche Exportwirtschaft repräsentativ. Von den späteren Leistungsbilanzüberschüssen hätte damals keiner zu träumen gewagt. Die Hauptsorge der jungen Bundesrepublik war es, die nötigen Devisen zur Deckung des Bedarfs an lebenswichtigen Importrohstoffen zu erwirtschaften. Man darf ja nicht vergessen, daß die Bundesrepublik erst im Jahre

1952 zum erstenmal eine ausgeglichene Handelsbilanz vorweisen konnte.

Um die Exportinteressen der deutschen Wirtschaft gegenüber Bonn wirkungsvoller vertreten zu können, konstituierte sich 1949 der „Exportausschuß der deutschen Industrie". Der Initiator dieses Zusammenschlusses war Richard Merton, Vorsitzender des Aufsichtsrates der Metallgesellschaft AG (die sein Vater Wilhelm Merton 1881 gegründet hatte) und ein enger persönlicher Freund von Hermann Josef Abs. Als protestantisch getaufter Jude war er von den Nazis eine Zeitlang ins KZ Buchenwald verbannt worden und 1939 ins Exil nach England gegangen. Als einer der ersten rassisch Verfolgten war er jedoch schon 1947 wieder in seine Heimatstadt Frankfurt zurückgekehrt. Während der Gründungsversammlung, an der ich als Vorsitzender des Außenhandelsausschusses im VDMA teilnahm, wurde ich plötzlich ans Telefon herausgerufen. Der Anlaß des Gesprächs war eher nichtig – jedenfalls gemessen an dem, was während meiner kurzen Abwesenheit im Saal vor sich ging. Als ich in die Versammlung zurückkehrte, erfuhr ich zu meiner grenzenlosen Überraschung, daß ich soeben einstimmig zum Vorsitzenden gewählt worden war.

Auf Drängen der Wirtschaft rang sich die Bundesregierung schließlich dazu durch, den durch den Verlust vieler Auslandsmärkte während des Krieges und der Besetzung schwer in Mitleidenschaft gezogenen Export finanziell zu fördern. Nach einem Hearing vor dem Finanzausschuß des Deutschen Bundestages, an dem der Leiter der Außenhandelsabteilung im VDMA, Rolf Audouard, und ich teilnahmen, beschloß das Kabinett spürbare Erleichterungen. Neben direkten Zuschüssen erhielten Exporteure die Möglichkeit, in ihrer Bilanz steuerfreie Rücklagen zu bilden. Die Sätze waren nach oben für Rohstoffe, Halbfertig- und Fertigfabrikate gestaffelt.

Damit waren jedoch die Wettbewerbsnachteile deutscher Exportfirmen bei weitem nicht aus der Welt geschafft. Da ein funktionierender Kapitalmarkt nach dem Krieg noch nicht wieder existierte, war gerade der Großmaschinenbau wie keine andere Branche darauf angewiesen, langfristige Kredite in Anspruch zu nehmen. Beim Abschluß von Verträgen, schon wenn sie nur über einige Millionen Mark hinausgingen, war es fast zur Regel geworden, daß der Kunde nur fünf oder zehn Prozent Anzahlung bei Vertragsabschluß leistete, vielleicht bei Lieferung noch einmal zehn Prozent und die restlichen 80 Prozent dann in zehn bis zu zwanzig Halbjahresraten ab Inbetriebnahme der Anlage. Der Lieferant war damit immer mehr zum Bankier seines Kunden geworden – und dies unter dem Druck der ausländischen Konkurrenz sogar immer stärker auch im Inland. Für die Finanzierung solcher Auslandsaufträge wurde in Deutschland die AusfuhrKredit-AG (AKA) gegründet. Aktionäre dieses Instituts sind alle größeren deutschen Banken. Die AKA verfügt über einen Kreditplafond bei der Bundesbank, darüber hinaus stellen ihre Gesellschafter erhebliche eigene Mittel zur Verfügung.

Mußte in der Bundesrepublik also die Industrie die Last der Finanzierung übernehmen, so befanden sich unsere Konkurrenten in den wichtigsten westlichen Exportländern in einer weitaus günstigeren Lage. So vergibt die amerikanische Import-Export-Bank („Exim-Bank") ihre Kredite nicht an den inländischen Lieferanten, sondern an den ausländischen Käufer. Der amerikanische Exporteur kann, sobald er geliefert hat, unmittelbar mit der Erfüllung seiner gesamten Kaufpreisforderung rechnen; zwischen der Exim-Bank und dem ausländischen Käufer bestand ein ganz normales Kreditverhältnis. So ist es im Prinzip heute noch. In Frankreich und England lagen die Dinge ähnlich, während in der Bundesrepublik wir der Kreditgeber waren und so lange im Obligo blieben, bis der Kunde die letzte Zahlung geleistet hatte.

Obendrein begünstigten Amerikaner, Engländer, Franzosen und Japaner ihre Exportindustrie durch die Garantie eines für die gesamte Abwicklung eines Auftrages festen Zinses, während sich nach dem deutschen System die Kreditkosten vor allem am Diskontsatz der Bundesbank orientierten. Dies führte zu dem beklagenswerten Zustand, daß wir in der ersten Hälfte der siebziger Jahre zeitweise bei der Exportfinanzierung 10,5 Prozent bezahlen mußten, während sich unsere ausländische Konkurrenz zu 6 bis 6,5 Prozent refinanzieren konnte. Einige Länder wie die USA, Italien und Japan subventionierten ihren Export sogar mit Hilfe verbilligter Zinsen, was bei uns nur in eingeschränktem Rahmen für den Schiffsbau der Fall war. Alle Bemühungen, die Gewährung von Zinssubventionen auch auf das Großanlagengeschäft auszudehnen, scheiterten.

Im Jahre 1949 wurde ich als erster Vertreter der deutschen Industrie in den „Interministeriellen Ausschuß", kurz „IMA" genannt, berufen. Dieses Gremium, in dem neben dem Außenministerium die Bundesministerien für Finanzen, Wirtschaft, wirtschaftliche Zusammenarbeit und Entwicklung sowie die Bundesbank vertreten waren und dem darüber hinaus Sachverständige der Industrie, der Banken und des Exporthandels angehörten, entschied über die Gewährung von Bundesgarantien für Exportaufträge. Die formelle Abwicklung oblag dann anschließend der Hermes Kreditversicherungs-AG, einem privatwirtschaftlichen Versicherungsunternehmen im Mehrheitsbesitz der Münchener Rück. Wer ein Auslandsgeschäft durch eine Bundesgarantie absichern wollte, mußte seinen Antrag zwar bei Hermes einreichen; die Entscheidung fiel jedoch im „Interministeriellen Exportgarantie-Ausschuß" in dem der Bundeswirtschaftsminister die Federführung hatte.

Meine Berufung in diesen Ausschuß im Jahre 1949 ging auf meine Bekanntschaft mit Ludwig Erhard zurück. Der Bundeswirtschaftsminister war unser direkt gewählter Bundestagsabgeordneter im Wahlkreis Heidenheim-Ulm und kam deshalb häufiger zu Veranstaltungen der Heidenheimer CDU. Meist übernachtete er bei seinen Besuchen im „Eisenhof". Erhard wußte, daß ich schon 1948 am Wiederaufbau der Ausfuhr-Kreditversicherung mitgewirkt hatte. Die Tätigkeit in diesem Gremium war für mich außerordentlich wichtig. Durch die Behandlung der von der Industrie eingebrachten Anträge gewann ich einen hervorragenden Überblick über die politische und wirtschaftliche Situation vieler Länder, an denen wir auch bei Voith interessiert waren. Ich habe dem Ausschuß – die Arbeit war ehrenamtlich – zwanzig Jahre angehört. Anfänglich fanden die Sitzungen in Bonn nur alle vier bis sechs Wochen statt. Die immer größere Zahl von Anträgen zwang uns jedoch später dazu, auf einen 14tägigen Rhythmus überzugehen. Allein die zeitliche Belastung, die mit dieser Arbeit für mich verbunden war, war außerordentlich groß. Die Verkehrsverbindungen waren damals noch weitaus schlechter als heute. Wenn ich mit dem Schlafwagen abends gegen 22 Uhr vom Bahnhof Ulm abfuhr, war ich am anderen Morgen gegen fünf Uhr in Bonn. Nahm ich dagegen den nächsten Zug, der um neun Uhr ankam, mußte ich nachts um zwei Uhr am Bahnhof in Ulm sein.

Durch die Zugehörigkeit zum „IMA" wurde ich 1958 in den Aufsichtsrat der Hermes Kreditversicherungs-AG in Hamburg berufen und übernahm dort 1974 den stellvertretenden Vorsitz. Aufsichtsratschef war zu dieser Zeit Horst Jannott, Vorstandsvorsitzender der Münchener Rück.

Schon im Mai 1974 hatte mich die Bundesregierung in den Verwaltungsrat der Kreditanstalt für Wiederaufbau in Frankfurt berufen. Nach einem Konzept des Bankiers

Hermann Josef Abs war die KfW zur Verteilung der nach Deutschland fließenden Marshallplan-Gelder ein halbes Jahr nach der Währungsreform im Jahre 1948 gegründet worden. Die Form einer Bank war deshalb gewählt worden, um die von den USA zur Verfügung gestellten Mittel nach den strengen Regeln des Kreditwesens zu vergeben. Die Anteile der Kreditanstalt liegen zu 80 Prozent beim Bund, der Rest entfällt auf die Länder. Flossen die Marshallplan-Kredite zunächst vor allem in die Grundstoffindustrie und später verstärkt in die weiterverarbeitende Wirtschaft, so eröffnete die KfW im Jahre 1955 erstmals auch einen Plafond für Exportfinanzierung von 483 Millionen Mark. 1961 wurde der Anstalt auch die „Finanzierung förderungswürdiger Ausgaben im Ausland, insbesondere im Rahmen der Entwicklungshilfe" zugewiesen.

Der Verwaltungsrat war ein mit hochrangigen Vertretern aus Politik, Industrie und Banken besetztes Gremium. Insgesamt zählte er knapp 40 Mitglieder. Die auf die deutsche Industrie entfallenden Mandate wurden von BDI-Präsident Fritz Berg und mir wahrgenommen. Mit dem Übergang der BDI-Präsidentschaft auf Hans-Günther Sohl übernahm dieser auch Bergs Sitz im Verwaltungsrat der KfW. Wurden im Plenum im wesentlichen Grundsatzfragen behandelt, so entschied über konkrete Finanzierungsprojekte ein spezieller Kreditausschuß, dem unter der Leitung des Finanzministers (zu meiner Zeit Helmut Schmidt) dessen Kabinettskollegen für Äußeres, Wirtschaft und Landwirtschaft, der Präsident der Bundesbank sowie zwei Vertreter der Wirtschaft – einer davon ich – angehörten. Aus Mitteln der Kreditanstalt für Wiederaufbau wurde auch eine Reihe von internationalen Großprojekten unter Mitwirkung der Firma Voith gefördert, so beispielsweise das Kraftwerk Itaipu in Brasilien.

Großen Raum nahmen bei meinem Eintreten für faire Wettbewerbschancen der deutschen Exportwirtschaft

Währungsfragen ein. Nur wenige Jahre nachdem sich die Industrie ihre frühere Stellung auf den Weltmärkten zurückerobert hatte, wurde die Überschußposition in unserem Außenhandel ein Dauerproblem. Die Bestände der Bundesbank an Gold und Devisen entwickelten sich bei unseren Partnern mehr und mehr zu einem Ärgernis. Hinzu kam die binnenwirtschaftliche Gefahr einer importierten Inflation, denn es strömten mehr Devisen für Warenexporte in die Bundesrepublik herein, als zur Deckung des Importbedarfs notwendig waren. Ich wies wiederholt darauf hin, daß die deutsche Volkswirtschaft zur Erfüllung bestehender Zahlungsverpflichtungen wie der Rückzahlung der Vorkriegsschulden, der Befriedigung von ausländischen Restitutionsansprüchen und finanzieller Leistungen in die EG-Kasse auf einen permanenten Exportüberschuß angewiesen sei. In einem Pressebeitrag warnte ich: „Daß man den Export nicht heute drosseln und morgen wieder forcieren kann, regulieren, wie man etwa einen Wasserhahn auf- und zudreht, leuchtet leider nicht jedermann ein. Der Außenhandel erfordert eine sehr pflegliche, aufmerksame und vor allem kontinuierliche Betreuung."

Mehrfach wehrte ich mich gegen das immer wieder vorgebrachte Argument, der deutsche Export sei durch eine Unterbewertung der Mark künstlich begünstigt. Gelegenheit hierzu bot sich beispielsweise bei einem auf Initiative von Abs und Berg zustande gekommenen „Konjunkturgespräch" am 22. August 1960 in Frankfurt. Neben den beiden Initiatoren nahmen Bundesbank-Präsident Karl Blessing und Vertreter der großen Wirtschaftsverbände an dem Treffen teil, unter ihnen Otto Wolff von Amerongen, Präsident des Deutschen Industrie- und Handelstages, und für die Elektroindustrie der damalige AEG-Chef Hans Constantin Boden. Da VDMA-Präsident Bernhard Weiss erkrankt war, vertrat ich unseren Verband. Blessing ließ keinen Zweifel daran aufkommen, daß er entschlossen war, konjunkturdämpfende Maßnahmen zu ergreifen. Falls ihm die Wirtschaft nicht dabei helfen würde, die inflationär wirkende Überliquidität abzuschöpfen, bleibe ihm keine andere Wahl, als eine Aufwertung der DM vorzuschlagen.

Auch wenn die meisten Anwesenden davon überzeugt waren, daß die DM im Verhältnis zu anderen wichtigen Währungen keineswegs unterbewertet war, hatten wir für Blessings Lage vollstes Verständnis. Auf der Suche nach einem Ausweg aus der leidigen Aufwertungsdebatte kam mir schließlich der Gedanke, eine von der Wirtschaft zu zeichnende Anleihe zugunsten der Hilfe für Entwicklungsländer vorzuschlagen. Blessing war von dieser Idee sehr angetan. Ein kleiner Ausschuß, bestehend aus Abs, Berg, Boden und mir, beriet, wie eine solche „Entwicklungsanleihe" ausgestattet werden sollte. Wir beschlossen, der Bundesregierung eine Anleihe über 1,5 Milliarden Mark mit einer Laufzeit von zehn Jahren und einer mäßigen Verzinsung von fünf Prozent vorzuschlagen. Abs und Berg fuhren zusammen mit dem CDU-Abgeordneten und Adenauer-Vertrauten Robert Pferdmenges zu Wirtschaftsminister Erhard, um diesem unsere Vorstellungen zu erläutern. Sie kamen mit der Überzeugung zurück, daß Bonn auf die Aufwertung verzichten werde, falls die Wirtschaft die Entwicklungsanleihe zeichnen sollte. Bei einem so niedrigen Zins bedeutete dies ein erhebliches finanzielles Opfer. Und so konnte man denn auch in Anspielung auf den geistigen Vater der Anleihe in der Presse lesen, die Wirtschaft solle „gerupft" werden.

Leider kam nicht der gesamte Betrag, sondern nur 1,2 Milliarden Mark zusammen. Wenige Monate später wertete die Bundesregierung denn auch die DM mit Wirkung vom 6. März 1961 um 4,75 Prozent auf. Strenggenommen konnten wir Erhard daraus keinen Vorwurf machen, denn wir hatten unsere Zusage nicht ganz eingehalten. Dennoch fragte mich Abs, als wir uns anläßlich eines Empfanges zum 70. Geburtstag Erhards an der Garderobe des Bonner Hotels Königshof trafen: „Herr Rupf, sollten wir den Erhard nicht daran erinnern, daß er uns gegenüber sein Wort gebrochen hat?" Wir taten es nicht, denn vermutlich hätte er den Schwarzen Peter sofort an uns zurückgegeben.

Sieben Jahre später, im Herbst 1968, versuchte die inzwischen regierende große Koalition sogar, die neuerlich überhitzte Konjunktur mit steuerlichen Mitteln zu dämpfen. Durch ein mit der heißen Nadel genähtes Gesetz wurden Importe umsatzsteuerlich um vier Prozent begünstigt, während Exporte mit dem gleichen Satz belastet wurden. Wirtschaftsminister Karl Schiller hatte der Industrie diese Strafsteuer mit dem Argument zu versüßen versucht, daß sie eine neuerliche Aufwertung überflüssig mache und als vorübergehendes Instrument, also befristet, eingeführt werden könne. Tatsächlich sollte sie nur für ein Jahr Gültigkeit haben. Das Teuflische war jedoch, daß die „Strafsteuer" auch rückwirkend, also für zurückliegende Verträge gelten sollte. Vor allem im langfristig disponierenden Maschinen- und Anlagenbau löste diese Bestimmung große Verärgerung aus. Denn die meisten mit ausländischen Kunden ausgehandelten Preise waren nicht mehr korrigierbar und obendrein in der Rezession 1966/67 äußerst knapp kalkuliert worden.

Im Präsidium des VDMA entzündete sich denn auch eine lebhafte Debatte über die Frage, ob wir gegen das Gesetz vor dem Bundesverfassungsgericht klagen sollten. In diesem Falle sollten nach vorherrschender Meinung einige Unternehmen die Initiative ergreifen und vom Verband in Karlsruhe Unterstützung erhalten. Ich gab in der Diskussion zu bedenken, daß Präsidium und Hauptgeschäftsführung mit ihrem Vorgehen gegen das vom Bundestag verabschiedete Gesetz möglicherweise unter er-

Hugo Rupf im Jahr 1966.

heblichen politischen Druck geraten könnten. Im übrigen müsse damit gerechnet werden, daß die Bundesregierung eine Aufwertung der DM beschließen werde, sollte ihr die Erhebung der Strafsteuer in der beabsichtigten Form untersagt werden.

Nachdem in einer außerordentlichen Mitgliederversammlung des VDMA der Münsteraner Rechtsprofessor Klein die steuerliche Belastung von Altverträgen für nicht verfassungskonform erklärt hatte, reichten sechs Firmen in Karlsruhe Beschwerde ein. Unter den Anwälten die sie vertraten, befand sich auch der einer Bremer Sozietät angehörende Hans-Dietrich Genscher. Allen optimistischen Erwartungen zum Trotz wurde die Verfassungsbeschwerde jedoch im Juni 1971 als unbegründet zurückgewiesen. Zu diesem Zeitpunkt war die umstrittene Sondersteuer allerdings längst Vergangenheit. Die in sie gesetzten Hoffnungen hatten sich nicht erfüllt. Sie blieb eine, wenngleich ärgerliche, Episode, die sich zum Glück nicht wiederholte.

Durch mein jahrelanges Engagement in allen Fragen des Außenhandels war ich für manche der „Mister Export". Ich habe diesen Stempel, den man mir damit aufdrückte, als Kompliment empfunden. Für kein anderes Industrieland spielt der Export eine so wichtige Rolle wie für Deutschland. Es ist vielfach schon in Vergessenheit geraten, daß er in Zeiten von Stagnation und Rezession immer wieder als Konjunkturlokomotive fungierte. Schon aus diesem Grunde sollte es für die Politiker ein Gebot der Vernunft sein, der exportierenden Industrie dieselbe Rückenstärkung zu geben wie Regierungen anderer Länder ihren Unternehmen. Vor allem von staatlicher Seite vergebene Großaufträge sind zunehmend Gegenstand politischer und diplomatischer Intervention. Was sanfter Druck nicht schafft, erreichen vielfach staatlich subventionierte Kampfkonditionen. Der Bau des ägyptischen Assuan-Staudamms ging in den fünfziger Jahren nur deshalb an die Russen, weil Moskau Präsident Nasser aus politischen Gründen einen Kredit mit zwanzigjähriger Laufzeit und einem konkurrenzlos niedrigen Zins von zwei Prozent anbot. Die Russen haben sich diesen Prestigeauftrag gegen starke internationale Mitwettbewerber, unter anderem ein deutsches Konsortium aus Siemens und Voith, damit regelrecht erkauft.

Viel politischen Staub wirbelte auch ein anderes Großprojekt, der Bau des Wasserkraftwerks Cabora-Bassa in der portugiesischen Überseeprovinz Moçambique, auf. Die Anlage war in jeder Hinsicht ein gigantisches Vorhaben. Der durch einen 160 Meter hohen Staudamm entstandene künstliche See ist fünfmal so groß wie der Bodensee. Mit dem Sambesi-Projekt in der Cabora-Bassa-Schlucht entstand das größte hydroelektrische Kraftwerk Afrikas und das fünftgrößte der Welt. An der Planung und Finanzierung beteiligt war Südafrika, das sich in einem langfristigen Vertrag zur Abnahme eines Teils der erzeugten Energie verpflichtete. Allen Beteiligten war jedoch von Anfang an klar, daß Cabora-Bassa nicht nur die Voraussetzung für die industrielle Entwicklung Moçambiques, vor allem der Erschließung der umfangreichen Kohle-, Eisenerz- und NE-Metallvorkommen sein würde. Die Regulierung des Sambesi ermöglichte die Bewässerung ausgedehnter Regionen und damit den Aufbau einer intensiv betriebenen Landwirtschaft.

In der Bundesrepublik schien man Cabora-Bassa von Anfang an durch eine ganz andere Brille zu sehen. Die teilweise äußerst polemisch vorgebrachte Kritik an dem Projekt gipfelte in dem Vorwurf, durch die Mitwirkung am Bau des Kraftwerks würde die Industrie zu einer Festigung der weißen Herrschaft im südlichen Afrika beitragen. Ein deutsches Firmenkonsortium, bestehend aus Siemens, AEG, BBC, Hochtief und Voith, hatte im September 1969 den Auftrag erhalten, zusammen mit ausländischen Part-

nern die elektromechanische Ausrüstung für das Kraft-
haus und die Drehstromstationen zu liefern und die Bauten am Staudamm auszuführen. Auf Voith entfielen dabei
fünf Francis-Turbinen, die zu diesem Zeitpunkt größten
der Welt. Wir führten diese Arbeiten in Kooperation mit
der französischen Firma Neyrpic in Grenoble aus.

Im Frühjahr 1970 begann das Thema Cabora-Bassa in
den Hauptversammlungen der beteiligten Unternehmen
hohe Wellen zu schlagen. Als Familiengesellschaft waren
wir als einzige nicht betroffen. Bei Siemens und anschließend bei AEG, BBC und Hochtief jedoch versuchten Geg-
ner des Projekts die Hauptversammlung in ein Cabora-
Bassa-Tribunal umzufunktionieren. Aber auch wir blieben
von der Kampagne nicht völlig verschont. Vor allem aus
kirchlichen Kreisen wurde uns vorgehalten, uns der Bei-
hilfe zur Rassendiskriminierung schuldig zu machen. Auf
Einladung der evangelischen Gemeinde Crailsheim versuchte ich, mich mit diesem Vorwurf sachlich auseinan-
derzusetzen. Vor allem wies ich darauf hin, daß der Bau
des Kraftwerks die Lebensverhältnisse der in der Region
lebenden schwarzen Bevölkerung erheblich verbessern
würde. Die Lösung der Rassenfrage könne nur auf politi-
schem Wege, nicht jedoch durch die Blockierung einer
modernen wirtschaftlichen Struktur in dem noch wenig
entwickelten Teil Afrikas erreicht werden.

Auch die Bundesregierung, die durch die Gewährung einer Bürgschaft von 400 Millionen Mark zumindest mittel-
bar an dem Projekt beteiligt war, geriet unter starken
politischen Druck – vor allem aus den in der „Organisation
für Afrikanische Einheit" (OAU) zusammengeschlossenen
Ländern. Um Bundeskanzler Brandt und Außenminister
Scheel zu einem Rückzug zu gewinnen, kam eigens der
sambische Präsident Kenneth Kaunda nach Bonn, holte
sich jedoch eine Abfuhr. Die den Firmen gegebene Zusage,
erfuhr er, lasse sich nicht mehr rückgängig machen.

Daß die Uhr des Kolonialismus schon damals fast abgelaufen war, sollte sich bald zeigen. Im Juni 1975 wurde Moçambique als 43. Staat Afrikas unabhängig. Als der erste Staatspräsident die Baustelle besuchte, erklärte er: „Früher haben wir Cabora-Bassa bekämpft, jetzt lieben wir es!" Auch Südafrika hat, wie es scheint, inzwischen den Weg in eine Zukunft gefunden, in der alle Rassen gleichberechtigt nebeneinander existieren können.

8. Zu neuen Ufern

Schlüsseletappen zum Weltunternehmen

Friedrich Voith war schon 63 Jahre alt, als er eine Entscheidung von großer unternehmerischer Tragweite traf. Zu Beginn dieses Jahrhunderts verhängte die Regierung in Wien für Maschineneinfuhren in die österreichisch-ungarische Monarchie drastische Zölle. Für die Firma Voith war dies ein schwerer Schlag. Denn mit seinen reichen, ungenützten Wasserkräften und dichten Wäldern bot dieser Wirtschaftsraum ideale Voraussetzungen für einen Absatz von Turbinen und Papiermaschinen. Hinzu kam, daß dieser Markt auf die Länder des Balkans und Nahen Ostens ausstrahlte. Und da dieser Absatzraum durch die österreichische Schutzzollpolitik von einem Tag auf den andern verlorenzugehen drohte, entschloß sich Friedrich Voith 1903, in St. Pölten ein Zweigwerk zu errichten. Die damals 14 000 Einwohner zählende Industriestadt verfügte am Schnittpunkt mehrerer Bahnlinien über eine hervorragende Verkehrslage. In weniger als acht Monaten entstand hier eine komplette Maschinenfabrik und Gießerei.

Mit der Aufgabe, das St. Pöltener Zweigwerk aufzubauen und anschließend zu leiten, hatte Friedrich Voith seinen ältesten Sohn Walther betraut. Er war zu dieser Zeit 29 Jahre alt und von dem Ansinnen seines Vaters wenig begeistert. Während einer mehrmonatigen Studien- und

Informationsreise in den USA war er von dem, was er dort sah, derart beeindruckt, daß er bereits sehr konkrete Vorstellungen von der Errichtung eines amerikanischen Voith-Werkes entwickelt hatte. Nur widerwillig beugte er sich dem Willen seines Vaters. Wie erzählt wurde, habe Friedrich Voith für den Fall, daß sich der Älteste verweigern sollte, sogar mit Enterbung gedroht.

Mit Unterstützung des Heidenheimer Stammhauses kam das neue Werk rasch auf Touren. Bereits ein Jahr nach seiner Inbetriebnahme waren 36 Turbinenanlagen und zwei Papiermaschinen an Kunden ausgeliefert worden. Weil es schwer war, Ingenieure zu einem Umzug nach St. Pölten zu bewegen, hatte Walther Voith in Wien ein Konstruktionsbüro eingerichtet. Dort meldete sich 1908 ein arbeitsloser Mann namens Adolf Hitler, um eine Anstellung als Zeichner zu finden. Zufälligerweise war ein Ingenieur aus Heidenheim anwesend, der sofort erklärte: „Den könnt ihr nicht nehmen, der spinnt!" Welchen Gang die Geschichte wohl genommen hätte, wenn der spätere Diktator die bürgerliche Existenz als technischer Zeichner bei Voith gefunden hätte?

Mit dem Beginn der Devisenbewirtschaftung Anfang der dreißiger Jahre begann für das Werk St. Pölten eine schwere Zeit. Wir konnten nun keine Gelder mehr von Heidenheim nach Österreich transferieren. Erst nach dem sogenannten „Anschluß" im Jahre 1938 waren wir wieder in der Lage, das Unternehmen von Heidenheim aus finanziell zu unterstützen. Gottlob überstand Voith St. Pölten den Krieg ohne größere Zerstörungen, so daß die Produktion, wenngleich zunächst langsam, im Verlaufe des Jahres 1945 wieder anlaufen konnte. Da St. Pölten von sowjetischen Besatzungstruppen eingenommen worden war, war das Werk als „deutsches Eigentum" beschlagnahmt und der Leitung eines russischen Ingenieurs unterstellt worden. In der ersten Zeit gingen denn auch mehr als 80 Prozent der Produktion in die Sowjetunion. Eine Klärung der Rechtsverhältnisse erbrachte erst der österreichische Staatsvertrag, durch den das Land auf der Basis der Neutralität 1955 seine Souveränität zurückerhielt. Walther Voith erlebte diesen Augenblick nicht mehr. Er war, wie an anderer Stelle bereits erwähnt, 1947 in Pruggern in der Steiermark gestorben und hatte, da sich sein Aufenthaltsort in einer anderen Besatzungszone befand, das Werk nicht mehr betreten können.

Frau Thea Voith, die Witwe Walther Voiths, war gebürtige Amerikanerin, hatte jedoch später die österreichische Staatsbürgerschaft erworben. Sie erbte den Drittelanteil ihres Mannes an Voith St. Pölten. Die auf die zwei in Heidenheim lebenden Brüder entfallenen restlichen zwei Drittel wurden nach den Bestimmungen des Staatsvertrages als deutsches Eigentum beschlagnahmt und im Rahmen der sogenannten „Kleinvermögens-Regelung" mit lediglich 6 $^2/_3$ Prozent bewertet. Die frühere Offene Handelsgesellschaft firmiert seit der Klärung der Eigentumsverhältnisse im Dezember 1958 als Aktiengesellschaft. 40 Prozent des Kapitals verblieben der Familie Voith, weitere 40 Prozent übernahm die staatliche Österreichische Länderbank treuhänderisch für den Österreichischen Staat. 20 Prozent wurden als Volksaktien vor allem den Mitarbeitern in St. Pölten angeboten. Voith Heidenheim und die Länderbank vereinbarten eine gegenseitige Stimmrechtsbindung, so daß auf der Eigentümerseite von Anfang an klare Verhältnisse und ein entsprechend gutes Klima für ein enges, einvernehmliches Vorgehen herrschten. Gegenüber unseren österreichischen Partnern erklärten wir uns bereit, den Aufsichtsratsvorsitz in St. Pölten dem jeweiligen Generaldirektor der Länderbank zu überlassen und uns mit dem Stellvertreterposten zu begnügen. So kam es, daß eine Zeitlang auch Franz Vranitzky, der ehemalige österreichische Bundeskanzler, den Vorsitz innehatte. Ein ebenso enges freundschaftliches Verhältnis verband uns mit Julius Raab, der von 1953 bis 1961 Regierungschef war und in zähen Verhandlungen den Sowjets im Frühjahr 1955 den Staatsvertrag abgetrotzt hatte. Sein Interesse an Voith rührte vor allem daher, daß er als gebürtiger St. Pöltener die wirtschaftliche Bedeutung des Werkes für die Region Niederösterreich wie kaum ein anderer erkannte. Er erzählte mir einmal, daß er während des Tauziehens im Kreml intensiv an Voith gedacht habe, dessen Zukunft wegen der damals noch nicht geklärten Eigentumsverhältnisse besorgte Fragen aufwarf.

Am 19. Dezember 1958 kam Raab mit mehreren Regierungsvertretern, unter anderem den Staatssekretären Withalm und Kreisky, ins Werk St. Pölten. In einer schlichten Feier gedachten wir des mit der Einigung über die Besitzverhältnisse eingeleiteten Neuanfangs. Die Freude war verständlich, denn der Weg war nicht leicht gewesen, der am Ende zu einer für beide Seiten akzeptablen Lösung geführt hatte. Vom einstigen Büro Walther Voiths aus geleiteten seine Witwe Thea Voith sowie Hanns Voith und ich unsere Gäste in die für die Feier ausgeräumte Schreinerei. Die Belegschaft hatte sich fast vollständig eingefunden. Vor dem Bundeskanzler sprach Staatssekretär Withalm, der sich um das Zustandekommen der Einigung besonders verdient gemacht hatte. Ein Essen im Hotel Pittner, an dem Raab und seine Begleitung, die Mitglieder der Geschäftsführung und des Betriebsrates sowie die Jubilare teilnahmen, beschloß die Feier.

Da Voith St. Pölten dasselbe Produktprogramm hatte wie in Heidenheim und sich beide Werke nicht gegenseitig Konkurrenz machen sollten, mußten getrennte Marktregionen abgesteckt werden. Bis heute operiert das deutsche Stammhaus in der westlichen Hemisphäre, während St. Pöltens Welt über Österreich sowie Südost-, Osteuropa und den Vorderen Orient hinaus bis nach China reicht.

Die Märkte Südostasiens bedient hingegen Voith Heidenheim. Diese Aufteilung der Welt hat die enge Zusammenarbeit auf allen Gebieten, vor allem in der Forschung und Entwicklung, nie behindert.

Eine Reihe bahnbrechender Voith-Innovationen hat ihren Ursprung in Österreich. Im Jahre 1913 meldete der aus der Steiermark stammende Wissenschaftler Viktor Kaplan eine neuartige Turbine zum Patent an. Das Besondere dieser vor allem für Flußkraftwerke geeigneten Turbine war, daß ihr Laufrad bewegliche Schaufeln hatte, die sich unterschiedlichen Wassermengen automatisch anpassen. Führte ein Fluß viel Wasser, wie während der Schneeschmelze im Frühjahr, öffneten sich die Schaufeln, so daß der Durchlauf optimal erfolgte. In weniger ergiebigen Zeiten des Jahres sorgte die Schließung der Schaufeln für eine Regulierung der Wasserkräfte. Trotz ihrer offensichtlichen technischen Vorteile war die Kaplan-Turbine unter den Experten zunächst umstritten. So kam erst 1916 nach langen Verhandlungen zwischen einer von Walther Voith angeregten „Vereinigung" führender europäischer Turbinenhersteller und Professor Kaplan eine Vereinbarung über die Nutzung der Patente zustande. Danach durfte Voith Versuche an einer ersten Turbine von größeren Ausmaßen durchführen. In unserem Hause fand Kaplans Erfindung in Hans-Faic Canaan einen tatkräftigen Förderer. Der Sohn einer deutschen Mutter und eines arabischen Arztes, der im deutschen Krankenhaus in Jerusalem arbeitete, war unmittelbar nach seinem Maschinenbaustudium in Dresden nach Heidenheim gekommen und in unsere Forschungs- und Versuchsabteilung für den Wasserturbinenbau eingetreten. Nach einem Besuch Kaplans übernahm er den Auftrag, die neue Turbine in den Voith-Werkstätten zu bauen und anschließend in der Versuchsanstalt Hermaringen zu testen. Nach weiteren technischen Verbesserungen wurde die „Kaplan-Turbine", wie sie bald weltweit hieß, wegen ihrer großen Energieausbeute die Standardturbine für alle Flußkraftwerke.

Im Jahre 1926 kam ein Wiener Ingenieur namens Ernst Schneider nach St. Pölten und stellte das Modell einer von ihm entwickelten neuen Turbine vor. Schon erste Untersuchungen führten jedoch zu dem Ergebnis, daß diese Erfindung für den Einsatz in Wasserkraftwerken aus wirtschaftlichen und technischen Gründen nicht geeignet sei. Statt dessen verfiel man jedoch auf die Idee, einen Schiffspropeller daraus zu entwickeln. Sein besonderer Reiz lag in der mit seiner Hilfe erreichten großen Manövrierfähigkeit von Schiffen. Dank fünf tragflügelähnlicher Propellerblätter, deren Schubkraft und Schubrichtung durch Verstellen des Steuergestänges geändert werden kann, ist ein Schiff mit einem Voith-Schneider®-Antrieb in der Lage, sich in jede gewünschte Richtung zu bewegen und auf der Stelle zu drehen. Da die St. Pöltener in den dreißiger Jahren die Entwicklungskosten nicht mehr tragen konnten, wurde das Projekt Heidenheim übertragen. Unter maßgeblicher Mitwirkung fünf österreichischer Ingenieure, die nach Heidenheim versetzt wurden, wurde der Propeller im Stammwerk weiterentwickelt. Der weltweite Erfolg des „Voith-Schneider®-Propellers", kurz „VSP" genannt, rechtfertigte unsere Anstrengungen. Heute gibt es keinen bedeutenden Hafen, in dem dieser Schiffsantrieb nicht in irgendeiner Weise im Einsatz wäre – sei es nun an einem Schwimmkran, Feuerlöschboot, Fahrgastschiff oder an einer Autofähre.

Zwei zerstörerischen Weltkriegen im Abstand von nur zwanzig Jahren und einer tiefen Weltwirtschaftskrise während der kurzen Friedenszeit ist es zuzuschreiben, daß St. Pölten für lange Zeit unser einziger ausländischer Fertigungsstützpunkt blieb. Alle verfügbaren Kräfte und finanziellen Mittel dienten vorrangig der Aufgabe, das Bestehende gegen die Gefahren der Zeit abzusichern und verlorengegangenes Terrain zurückzuerobern. An eine weitere Expansion jenseits der Grenzen war unter diesen Umständen daher zunächst nicht zu denken. Nach einem Jahrzehnt anhaltender Hochkonjunktur reifte bei mir Mitte der fünfziger Jahre jedoch der Entschluß, den Gesellschaftern nunmehr ein Engagement in Brasilien vorzuschlagen.

Wie kein zweiter westlicher Überseemarkt lockte dieses nach Fläche und Bevölkerung größte Land Südamerikas viele fremde Investoren an. Mitte 1954 hatte Mannesmann sein Röhrenwerk Belo Horizonte in Betrieb genommen, zwei Jahre später startete Daimler-Benz seine Lkw-Montage bei São Paulo. Schon 1953 hatte VW seine „Volkswagen do Brasil" gegründet, die sich in kurzer Zeit zur bedeutendsten ausländischen Tochtergesellschaft entwickelte und zahlreiche deutsche Autozulieferer, wie Bosch und die Zahnradfabrik Friedrichshafen, nachzog.

Außer der Größe des Marktes – auf der Fläche Brasiliens hätten sämtliche europäischen Staaten gemeinsam bequem Platz – eröffnete vor allem dessen Dynamik ausländischen Unternehmen große Zukunftsperspektiven. Allein die zu erwartende Verdoppelung der Bevölkerung von damals rund hundert Millionen Menschen bis zum Ende dieses Jahrhunderts ließ einen steilen Anstieg des Bedarfs erwarten, nicht zuletzt auch an Energie. Mit seinem ungeheuren Reichtum an ungenutzten Wasserkräften mußte Brasilien, wie ich überzeugt war, einem führenden Turbinenhersteller große geschäftliche Möglichkeiten bieten. Ähnlich schätzte ich die Aussichten auf unserem zweiten Arbeitsgebiet, dem Papiermaschinenbau, ein. Mit zunehmendem Wohlstand und Bildungsniveau, daran bestand nicht der geringste Zweifel, würde der zu diesem Zeitpunkt noch recht niedrige Papierverbrauch boomartig steigen. Aber nicht allein aus der Versorgung des eigenen Marktes würden der Papierindustrie große Expansionschancen erwachsen. Die durch das subtropische Klima außerordentlich begünstigte Rohstoffversorgung prädestinierte Brasilien geradezu auch zu einem bedeutenden Papierexporteur.

Zu Beginn des Jahrhunderts hatte das Land im großen Stil mit der Anpflanzung des Eukalyptusbaums begonnen. Der in Australien beheimatete Baum erreicht in nur sieben bis acht Jahren seine volle Größe – im Unterschied zu der in Europa für die Papiererzeugung als Rohstoffquelle genutzten Kiefer oder Fichte, die erst nach dreißig, in Skandinavien sogar erst nach fünfzig Jahren geschlagen werden kann. Außerdem treibt der Eukalyptusbaum nach der Abholzung mehrere Male gleich den nächsten Sprößling, so daß eine Wiederaufforstung nur in größeren zeitlichen Abständen nötig ist. Das Zusammentreffen besonders günstiger Voraussetzungen für unsere beiden Hauptprodukte veranlaßte mich gegenüber unseren Inhabern zu der Bemerkung, daß der liebe Gott Brasilien für Voith geschaffen habe.

Trotz dieser überaus positiven Erwartungen bedeutete der Entschluß, als mittelständisches Familienunternehmen mit einer eigenen Produktion nach Brasilien zu gehen, ein nicht geringes Risiko. Wie würden sich in diesem mitten im wirtschaftlichen Aufbruch begriffenen Riesenland die politischen Verhältnisse entwickeln? Würden nachfolgende Regierungen ausländischen Investoren ebenso entgegenkommen, den Transfer von Gewinnen erlauben? Mein Rat an die Gesellschafter war daher, bescheiden, das heißt in einem ersten Schritt nicht mehr als zehn Millionen Mark zu investieren. Angesichts der Risiken sollten wir dieses Engagement jedoch noch am selben Tag auf eine Mark abschreiben. Nicht daß ich damit den Eindruck erwecken wollte, unsere Mittel ohne gewissenhafte Prüfung einsetzen zu wollen. Vielmehr wollte ich zum Ausdruck bringen, daß selbst für den schlimmsten

Fall, einem Totalverlust unseres Investments, finanziell vorgesorgt sei. Immerhin standen den zehn Millionen Mark schon damals jährliche Dividendeneinnahmen aus unseren aufgebauten Beteiligungen von zwanzig bis dreißig Millionen Mark gegenüber – ein ansehnliches Polster!

Aus den zehn Millionen, mit denen wir in Brasilien einstiegen, wurden aufgrund der schnellen Anfangserfolge in wenigen Jahren hundert Millionen Mark. Und da die brasilianische Regierung einen Gewinntransfer von zwölf Prozent des sogenannten „investierten Kapitals" gestattete, vereinnahmten wir jedes Jahr zwölf Millionen Mark Dividende, die in Heidenheim steuerfrei einging. In Brasilien selbst profitierten wir steuerlich von der staatlichen Exportförderung. In dem Umfang, in dem ein Unternehmen seinen Umsatz durch Lieferung ins Ausland erzielte, wurde es von der Körperschaftssteuer freigestellt. Und da Voith von Brasilien aus viel nach Argentinien, Chile und in die USA ausführte, lag unser Exportanteil bei rund fünfzig Prozent, so daß wir nur die Hälfte unseres Gewinns zu versteuern brauchten. Auf diese Weise haben wir das investierte Kapital schon längst wieder zurückerhalten.

Brasilien war uns alles andere als ein unbekanntes Land. Schon seit 1903 lieferten wir kleine Turbinen dorthin, vor allem für Kaffee- und Zuckerplantagen, ab 1912 auch für die im Lande errichteten Wasserkraftanlagen. Mit der Lieferung einer Papiermaschine an die Companhia Fabril do Cubatão glückte uns auch auf unserem zweiten Arbeitsgebiet ein erster bedeutender Erfolg. Bis 1957 exportierte Voith etwa 330 Turbinen und zehn Papiermaschinen nach Brasilien. Dies war auch das Jahr, in dem wir uns entschlossen, nicht im Alleingang auf der berühmten grünen Wiese zu starten, sondern mit einem erfahrenen lokalen Partner zusammenzugehen. Ihn fanden wir in der Person Antonia Bardellas, eines zu Beginn des Jahrhunderts eingewanderten Italieners. In einer Vorstadt von São Paulo hatte dieser Selfmademan mit einer kleinen Schmiede angefangen, in der er anfangs noch selbst den Amboß schwang. Zielstrebig entwickelte er seinen Werkstattbetrieb zu einem breit diversifizierten Schwermaschinenbau-Unternehmen, das Einrichtungen für Zuckerfabriken, Säge- und Walzwerke sowie Pressen und Krane fertigte.

Der Wunsch, auch Papiermaschinen und Turbinen ins Programm zu nehmen, führte Bardella und Voith zusammen. Die Brasilianer brauchten Know-how, wir die Erfahrung eines als Produzent landeserfahrenen Partners. Als Basis der vereinbarten Zusammenarbeit beteiligte sich Voith an der Bardella S.A. mit 25 Prozent. Auf dem Werksgelände bei Bardella wurde eine neue große Halle gebaut und der Bestand an Werkzeugmaschinen ergänzt und modernisiert. Allerdings reichten die vorhandenen Anlagen nicht aus, um große Papiermaschinen und Turbinen komplett in Brasilien zu bauen. Doch unter dem Druck hoher Importzölle ging der allgemeine Trend eindeutig dahin, den Anteil lokaler Produktion massiv zu erhöhen. Mit unserem kleineren Partner Bardella befanden wir uns jedoch in einem gewissen Dilemma. Denn um das Unternehmen weitgehend unabhängig von Zulieferungen aus Heidenheim zu machen, hätten wir kräftig investieren müssen. Dies jedoch wäre zwangsläufig mit einer Vergrößerung unseres unternehmerischen Einflusses bei Bardella verbunden gewesen. Schon nach den ersten Gesprächen wurde uns aber klar, daß der Gründerstolz der Familie solchen Überlegungen im Wege stand. Über einen Verzicht auf die Mehrheit an der rund 600 Mitarbeiter zählenden Firma war mit den Inhabern nicht zu reden. So faßten wir nach intensiver Diskussion und Prüfung aller denkbaren Alternativen den schwerwiegenden Entschluß, in Brasilien eine eigene Fertigungsbasis zu errichten.

Mit meiner ersten Reise nach Brasilien Anfang 1960 verbinden sich besonders lebendige Erinnerungen. Da das angestrebte Investment auch für unsere Gesellschafter ein großer, ja man kann durchaus sagen, historischer Schritt war, legte ich Wert darauf, daß Mitglieder der Familie dabei waren. Schließlich ging es nicht nur darum, einen unmittelbaren Eindruck von Land und Leuten zu erhalten, sondern auch Gespräche mit langjährigen Freunden über unsere Absichten zu führen. So reiste ich mit Hermann Voiths jüngster Tochter Dorette Knapp und deren Ehemann Carlos Knapp sowie mit Hanns Voiths ältester Tochter Martina Voith. Ursprünglich wollten wir alle zusammen von Genua aus an Bord eines der wunderschönen italienischen Passagierdampfer reisen. Doch mein Terminkalender erlaubte mir nicht den Luxus, zwei Wochen auf hoher See zu sein. So benutzte ich das Flugzeug, wählte meinen Flug jedoch so, daß ich meine Begleiter in Rio am Schiff abholen konnte.

Das Fliegen war damals noch recht umständlich. In Dakar, der Hauptstadt Senegals, legte die „Superconstellation" einen Zwischenaufenthalt von drei Stunden ein – Zeit genug, um sich zu erfrischen und sogar einen Duschraum aufzusuchen. Statt in Rio landeten wir in Brasilien zunächst auf einem Provinzflughafen im Norden des Landes. Ich werde nie vergessen, wie wir – noch schlaftrunken aus unseren Flugzeugsitzen hochfahrend – einen an Bord gekommenen Medicus vor uns stehen sahen, der uns mit einem undefinierbaren Desinfektionspuder gegen Ungeziefer „absprizte". Ein Mitpassagier war der legendäre Gustav Gründgens, der sich wegen einer Augenkrankheit in Rio bei einem weltbekannten Spezialisten behandeln lassen wollte. Ich sollte ihn schon wenige Tage später in der Residenz des deutschen Botschafters wiedersehen. Vom Garten hatten wir einen unvergeßlichen Blick auf die Silhouette der Stadt mit ihren Bergen und Wolkenkratzern.

Unsere Standortplanungen richteten sich jedoch schon in einem frühen Stadium auf den Raum São Paulo. Das Verhältnis des dynamischen Industriezentrums zur „wunderbaren Stadt" an der Guanabara-Bucht hat vielfach den Vergleich zwischen dem geschäftig-nüchternen Mailand und der Kultur- und Konsummetropole Rom herausgefordert. Ganz falsch ist der Vergleich nicht. Speziell für uns spielte außer den klimatischen Vorteilen São Paulos eine Rolle, daß hier bereits namhafte deutsche Unternehmen, wie Daimler-Benz, VW, Bosch und die Zahnradfabrik Friedrichshafen vertreten waren und in der Region über zehntausend Deutsche lebten. Hinzu kam, daß wir in São Paulo einfacher als in Rio die für unser Werk benötigten Fachkräfte gewinnen konnten und leichteren Zugang zu unseren Kunden hatten.

Am 16. Juli 1964 wurde die Firma „Voith S.A. Máquinas e Equipamentas" gegründet. Auf einem 150 000 Quadratmeter großen Gelände in Jaraguá, einem Außenbezirk São Paulos, begannen im Oktober die Bauarbeiten. Am 20. September 1966 wurde das Werk in Anwesenheit des Gouverneurs des Staates São Paulo feierlich eingeweiht. Unser Start in Brasilien hätte kaum verheißungsvoller beginnen können. Schon ein Dreivierteljahr vor der offiziellen Inbetriebnahme hatten wir mit der Produktion begonnen. Große Freude löste vor allem ein Auftrag über vier Francis-Turbinen für das Kraftwerk Estreito aus. Daneben erhielten wir den Zuschlag für eine Papiermaschine mit einer Arbeitsbreite von zweieinhalb Metern. Aber auch auf den Turbogetriebebau sollte sich die Errichtung des neuen Werkes vorteilhaft auswirken. Mitten in der Umstellung der brasilianischen Bahnen von Dampf- auf Diesellokomotiven konnte der Heidenheimer Getriebebau einen lokalen Kundendienst einrichten.

Am meisten in Atem hielten uns jedoch die riesigen Wasserkraftwerke, die das im industriellen Aufbruch begriffene Land in den Jahren in Angriff nahm. Auf das Kraftwerk Estreito folgte die Anlage Jupiá mit zwölf Voith-Kaplanturbinen und 1974 Ilha Solteira oberhalb Jupiá am Fluß Paraná mit 20 Turbinen. Am Rio Paraná, dem neben dem Amazonas mit allein tausend Nebenflüssen und dem São Francisco bedeutendsten Strom des Landes, hatte eine Expertenkommission aus Brasilien und Paraguay bereits 1966 Standortuntersuchungen für einen Staudammriesen von einmaligen Ausmaßen angestellt. Das geplante Kraftwerk sollte vor allem die expandierende Industrie im Südosten Brasiliens mit Strom versorgen und zur wirtschaftlichen Entwicklung Paraguays beitragen. Die Planungen gestalteten sich äußerst schwierig, galt es ja nicht nur, einen Stausee von der dreifachen Größe des Bodensees und einen Damm zu bauen, der mit fast 200 Metern Höhe den Kölner Dom noch um über 3o Meter übertreffen sollte. Obendrein mußte die Umsiedlung von 40 000 Menschen, überwiegend Abkömmlinge der Guarani-Indianer, vorbereitet werden.

Im Juli 1978 war es dann endlich soweit, daß die brasilianisch-paraguayische Projektgesellschaft „Itaipu Binacional" den Auftrag für das gigantische Bauvorhaben erteilen konnte. Nicht allein aus Prestigegründen, sondern auch wegen seines Liefervolumens hatte Itaipu für Voith eine besondere Bedeutung. Mit einer Kapazität von insgesamt 13 300 Megawatt war es sechsmal so groß wie das Assuan-Kraftwerk in Ägypten. Mit dem Bau beauftragt wurde gegen starke internationale Konkurrenz ein brasilianisch-europäisches Konsortium. Ihm gehörten auf europäischer Seite Siemens, BBC und Voith sowie aus Frankreich die Firma Neyrpic an.

Mit Neyrpic teilten wir uns die Lieferung der 18 Turbinen. Allein wären wir damit auch überfordert gewesen. Denn nur der auf uns entfallende Anteil hatte ein Volumen von 700 Millionen Mark. Die Firma Neyrpic hatte den

Großer Festakt zum 70. Geburtstag am 12. August 1978 mit vielen Gästen.

Bau von Wasserturbinen ursprünglich von uns gelernt. Nach dem Ersten Weltkrieg hatte Deutschland im Rahmen der Reparationsleistungen auch Turbinen an Frankreich liefern müssen. Dabei mußte ein Teil davon in französischen Werken nach Voith-Zeichnungen hergestellt werden. So erwarb Neyrpic ihr Know-how. Und während des Zweiten Weltkrieges wurden Beschäftigte dieses Unternehmens nach Heidenheim dienstverpflichtet, um bei Voith anstelle zur Front abkommandierter deutscher Mitarbeiter in der Turbinenproduktion auszuhelfen. Wir haben dann später erfolglos versucht, Neyrpic zu kaufen. Statt dessen wurde sie von der französischen Alsthom-Gruppe übernommen.

Von unseren Zulieferungen für Itaipu kamen wertmäßig rund 70 Prozent aus unserem Werk São Paulo und nur 30 Prozent, vor allem Regler, aus Heidenheim. Noch nie hatten wir so große Turbinen geliefert. Mit einem Gewicht von dreihundert Tonnen pro Laufrad hätten wir sie gar nicht von Deutschland nach Brasilien transportieren können. Um ein Laufrad aus unserem Werk São Paulo über annähernd tausend Kilometer zur Baustelle an den Iguaçu-Wasserfällen zu bringen, mußten wir drei Monate und Kosten von mehr als 500 000 Dollar veranschlagen. Die nach dem Endausbau im Jahre 1988 installierte Kraftwerksleistung bedeutete Weltrekord. Die erzeugten 75 Millionen Kilowattstunden entsprachen etwa einem Viertel dessen, was die Westdeutschen 1980 an Energie verbraucht haben.

Die Entscheidung, mit einer eigenen Produktion nach Brasilien zu gehen, war eine der glücklichsten in der Geschichte des Hauses Voith. Hätten wir diesen Schritt nicht unternommen, wäre uns dieser explodierende Markt großenteils verschlossen geblieben. Natürlich konnten wir nicht die mit einem Großinvestment in diesem politisch und sozial ungefestigten Land verbundenen besonderen

Risiken und schon gar nicht die Auswirkungen von Hyperinflation und Schuldenkrise vorhersehen. Was es unter diesen Umständen bedeutet, Großprojekte mit einer Laufzeit von weit mehr als zehn Jahren erfolgreich zu managen, kann man sich wohl ohne allzuviel Phantasie vorstellen. Unsere Landesgesellschaft hat in den schwierigen Zeiten, die Brasilien durchlebte, Großes geleistet. Vor allem dann, wenn wir in Heidenheim als Folge schlechter Konjunktur Beschäftigungssorgen hatten, wurde unser Südamerika-Engagement von Teilen der Belegschaft und ihrer Gewerkschaft bisweilen kritisch betrachtet. Ich habe mich gegen den Irrglauben, wir hätten Arbeit von Deutschland nach Brasilien „exportiert", immer energisch zur Wehr gesetzt. Die Wahrheit ist vielmehr, daß wir für Aufträge, die wir nur durch unsere lokale Präsenz hereinzuholen imstande waren, über Zulieferungen aus Heidenheim zur Auslastung der dortigen Kapazitäten beitragen konnten.

Zur Verdeutlichung dieses Zusammenhanges schrieb ich 1982 in den „Voith-Mitteilungen", unserer Hauszeitschrift: „Allein in den letzten Jahren haben wir für das Stammhaus in Heidenheim Aufträge im Werte von rund fünfhundert Millionen Mark für Zulieferungen nach Brasilien erhalten. Dies entspricht im Maschinenbau einer Beschäftigung von rund fünftausend Arbeitskräften für ein volles Jahr. Aus den ausführlichen Bilanz-Berichten ist allen Mitgliedern unseres Aufsichtsrates bekannt, daß die Voith S.A., São Paulo, insbesondere in den letzten Jahren wesentlich zu unseren guten Finanzergebnissen beigetragen hat und die Deckung unserer hohen Ausgaben für unsere Versuchsanstalten fühlbar erleichterte."

Auf seinem Werksgelände etwa 30 Kilometer vom Zentrum der Stadt São Paulo entfernt hat Voith für die Mitarbeiter und ihre Familien ein kleines Fußballstadion gebaut, das zum 25. Gründungsjubiläum 1989 feierlich eingeweiht wurde. Unsere Leute machten mir die Freude, die Anlage „Hugo-Rupf-Stadion" zu taufen. Auch wenn ich schon einige Zeit auf dem „Altenteil" war, ließ ich es mir nicht nehmen, an der Feier teilzunehmen. Die Fußball-begeisterung kennt in Brasilien keine Grenzen. Als eine Bank in unmittelbarer Nähe unserer Fabrik eine Filiale einrichtete, um unseren Mitarbeitern den Empfang ihrer Löhne und Gehälter zu erleichtern, nahm kein Geringerer als das Fußballidol Pelé die Eröffnung vor.

Als die Amerikaner nach dem Zweiten Weltkrieg auch zu europäischen Anbietern wurden, faßten wir den Entschluß, im Gegenzug auf den amerikanischen Markt vorzudringen. Dabei war von Anfang an klar, daß wir Kunden in den USA auch weiterhin mit Turbinen und Papiermaschinen aus unserem Werk in São Paulo beliefern würden.

Die USA waren für uns kein Neuland. Schon 1897 war Friedrich Voith zur Weltausstellung nach Chicago gereist, im Jahre 1912 eröffnete die Firma auf der New Yorker Fifth Avenue ein Büro und zehn Jahre später anläßlich einer Amerika-Reise, die Walther Voith unternahm, die „American Voith Contact Company". Später begannen wir dann eine enge Zusammenarbeit mit der Familienfirma Morgan Smith in York in Pennsylvania, die nach unseren Lizenzen Kaplan-Turbinen baute. Wegen Nachfolgeproblemen ging das Unternehmen an den US-Konzern Allis Chalmers, der infolge finanzieller Schwierigkeiten nach einem Käufer für diese Sparte suchte. Voith erkannte sehr schnell die einmalige Chance, seine Position im Turbinenbau auf dem amerikanischen Markt entscheidend zu verbessern und übernahm seinen einstigen Lizenzpartner. Für uns spielte dabei auch die Aussicht eine Rolle, in den Genuß der großzügigen Exportfinanzierungen der Exim-Bank zu gelangen. Wir sind in der glücklichen Lage, für einen Groß-auftrag Wasserturbinen in Heidenheim, St. Pölten, São

Verleihung der Ehrendoktorwürde im kleinen Senat der Universität
Tübingen am 22. April 1983.

Paulo und York zu fertigen und dabei jeweils die günstigsten Finanzierungsangebote in Anspruch zu nehmen.

Mit Allis Chalmers verband uns zuvor bereits eine enge Zusammenarbeit auf dem Papiersektor. Da dieses Gebiet für unseren Partner jedoch anders als für uns kein zentrales Geschäftsfeld war, konnten wir das bestehende Joint Venture vollständig auf uns übertragen. Wir haben daraus schrittweise eine moderne Fertigung sowohl für Papiermaschinen als auch für stofftechnische Anlagen gemacht. Unserer Geschäftsphilosophie folgend, uns außer im Turbinen- und Papiermaschinenbau auch in weniger zyklischen Geschäftssegmenten zu engagieren, eröffneten wir uns Anfang der achtziger Jahre die Gelegenheit, durch eine Akquisition in den USA in die sogenannte „Bespannungstechnik" einzusteigen. Mit der Firma Appleton Mills in Appleton/Wisconsin konnten wir einen gut eingeführten

Hersteller spezieller Filze für Papiermaschinen erwerben. Da es sich dabei um Verschleißteile von relativ kurzer Lebensdauer handelt, ist für einen einigermaßen stabilen Absatz gesorgt. Appleton lernte ich bei einem Besuch als ein außerordentlich freundliches Städtchen kennen, das unter anderem die Technische Hochschule für Papierindustrie beherbergt. Als Ausbildungsstätte für angehende Papieringenieure hat sie in den USA etwa die gleiche Bedeutung wie vor dem Zweiten Weltkrieg für Europa die TH Darmstadt unter Professor Brecht, einem Bruder des Schriftstellers Bert Brecht. Zur Abrundung seines Programms übernahm Appleton Mills 1993 die Firma Lindsay Wire in Florence/Mississippi, die Papiermaschinensiebe herstellt. Beide Unternehmen erzielten 1993 gemeinsam einen Jahresumsatz von rund 91 Millionen Mark.

Von seinen bescheidenen Ursprüngen eines kleinen Schlosserbetriebs auf der Schwäbischen Alb aus hat sich Voith im Laufe seiner mehr als 130jährigen Geschichte zu einem Weltunternehmen mit einer gut aufeinander abgestimmten Produktionsstruktur entwickelt. In den letzten Jahren rückt Ostasien ins Blickfeld, die auf überschaubare Zeit sicherlich größte Wachstumsregion. Vor allem auf China richten sich viele Blicke. Auch für Voith bietet das im Übergang zur Marktwirtschaft begriffene Riesenreich ungeahnte Perspektiven. Von chinesischer Seite wurde uns bereits ein starkes Interesse am Bau eines Voith-Werkes ähnlich unserer Fabrik in Brasilien signalisiert. 1990 kam eine chinesische Delegation, die zuvor unsere Fabriken in São Paulo besichtigt hatte, zu Besuch nach Heidenheim, um mit der Geschäftsführung über ein mögliches Investment in China zu sprechen. Doch eine solche Entscheidung wäre ein Schritt von großer Tragweite – wesentlich größer als unser seinerzeitiger Entschluß, in São Paulo eine Fertigung aufzuziehen. In Brasilien kamen wir schließlich in ein Land, das wir aus langjährigen Kundenbeziehungen gut kannten, das uns kulturell nähersteht und in dem wir schon auf eine Anzahl von Niederlassungen deutscher Großunternehmen trafen. China ist demgegenüber ein Riesenreich, mit dem wir bislang wenig geschäftliche Erfahrungen gemacht haben, das sich bis vor kurzem noch gegenüber der kapitalistischen Welt hermetisch abschloß und das politisch den Weg zu einer Demokratie noch vor sich hat. Aber es ist gleichzeitig ein Land, in dem sich mit über einer Milliarde Menschen und großen industriellen Entwicklungen ungeahnte unternehmerische Perspektiven ergeben.

9. Auf technisches Neuland

Mit der Antriebstechnik in neue Dimensionen

Eine der wichtigsten Aufgaben jeder Unternehmensführung ist es, sich ständig mit der Frage zu befassen, ob das vorhandene Fertigungsprogramm noch eine sichere Basis für die Zukunft der Firma darstellt. Wenn erst der Markt in Form rückgängiger Umsätze signalisiert, daß die Produktpalette ihre einstige Attraktivität eingebüßt hat, ist es für Korrekturen vielfach schon zu spät. Dies gilt insbesondere für eine Branche wie den Einzelmaschinenbau mit ihren langen Entwicklungszeiten. Wehe dem also, der den Anschluß erst einmal verpaßt hat.

Voith war sowohl in der Strömungstechnik als auch im Papiermaschinenbau stets in der glücklichen Lage, mit einer stabilen Gesamtnachfrage rechnen zu können. Solange der Verbrauch an elektrischer Energie und Papier weiter stieg, war uns ein wachsender Weltmarkt sicher. Es lag also nur an uns, den einmal erreichten Stand durch eigene Anstrengungen zu halten und, soweit möglich, noch auszubauen. Erfahrung, eine intensive Forschungs- und Entwicklungsarbeit sowie ein Stamm qualifizierter technischer und kaufmännischer Mitarbeiter berechtigten uns zu der Erwartung, im Wettbewerb mit der internationalen Konkurrenz die Nase vorn zu behalten. Wenn sich dennoch schon die Brüder Voith in den zwanziger Jahren Gedanken über eine Verbreiterung unserer Produktbasis machten, dann eher aus einem anderen Grund. Sowohl bei Turbinen als auch bei Papiermaschinen litten wir zu allen Zeiten unter einem sehr unregelmäßigen Auftragseingang. Mal erhielten wir gleich mehrere Bestellungen auf einmal, so daß wir nicht wußten, wie wir die Liefertermine einhalten sollten. Dann herrschte umgekehrt mehrere Jahre absolute Flaute, so daß wir Klimmzüge unternehmen mußten, unsere Belegschaft zu beschäftigen. Dies hatte natürlich vor allem mit dem langen Lebenszyklus unserer Maschinen zu tun. Man muß sich einmal vorstellen, daß die Wasserturbinen, die Voith in den Jahren 1903–1912 für das Niagara-Kraftwerk lieferte, teilweise noch heute im Einsatz sind. Zu meinem 60. Geburtstag schrieb mir der Vorstand der Zellstofffabrik Waldhof in einem Glückwunschbrief, daß man sich Gedanken gemacht habe, wie man mir eine Freude bereiten könne. Dabei sei man auf die Idee gekommen, den Umbau unserer PM2 zu beschließen – der seit 60 Jahren laufenden zweiten Maschine, die Voith an die Firma geliefert hatte. Meine Geburtstagsfreude hielt sich, wie sich leicht denken läßt, in Grenzen, denn natürlich hatten wir auf eine Neubestellung gehofft.

Um etwas mehr Stetigkeit in unseren Auftragseingang zu bekommen, galt unsere Suche ausschließlich neuen Erzeugnissen, die statt in Einzelfertigung möglichst serienmäßig auf Vorrat hergestellt werden konnten und dazu weniger stark vom Export abhängig waren. Gerade letzterer Zielvorgabe maßen wir besonderes Gewicht zu, nachdem Voith in der Weltwirtschaftskrise und während des Krieges stark unter dem rückgängigen Auslandsgeschäft zu leiden gehabt hatte. Schließlich waren wir uns zu allen Zeiten darin einig, daß wir unser Problem nicht mit Plagiat-Produkten lösen wollten. Vielmehr wollten wir getreu unserem Motto „Wir eröffnen neue Dimensionen" etwas machen, was es noch nicht gab und es dort einsetzen, wo es Nutzen bringt. Vorzugsweise wollten wir uns auf Neuentwicklungen konzentrieren, bei denen wir zu einem möglichst großen Teil unser vorhandenes technisches Know-how einsetzen konnten.

Mit dem Beginn der Entwicklung eines neuen Schiffsantriebs, des Voith-Schneider®-Propellers war dem Unternehmen bereits 1926 ein wichtiger Schritt auf technisches Neuland geglückt. Aber seine Anwendungsmöglichkeiten waren bei aller Bedeutung dieser technischen Innovation trotz allem zu begrenzt, um darauf den Aufbau einer dritten Unternehmenssäule zu gründen. Der Schlüssel zu diesem Ziel bot sich vielmehr in der Erfindung der hydrodynamischen Kraftübertragung durch Professor Hermann Föttinger. Das sogenannte „Föttinger-Getriebe" beruhte auf einem genialen System: Durch eine von einem Dieselmotor angetriebene Kreiselpumpe wurde ein Ölstrom erzeugt, der auf ein Turbinenlaufrad geleitet wurde, das wiederum die Triebwagenachse antrieb.

Bevor sich Voith für die Erfindung zu interessieren begann und mit Professor Föttinger 1929 einen Lizenzvertrag abschloß, der die Firma zum Bau von Speicherpumpen-Kupplungen unter Einsatz der neuen Technik berechtigte, war diese nur zum Antrieb von Schiffspropellern verwendet worden. Pumpen und Turbinen waren für uns vertraute Produkte, und so lag es nahe, aus diesen Elementen zusammengesetzte hydraulische Kraftübertragungen zu entwickeln und zu bauen. Im Jahre 1930 wurden drei Kupplungen von je 38 000 PS für die Speicherpumpen des von Voith erbauten RWE-Kraftwerks Herdecke an der Ruhr geliefert. Den großen Durchbruch erlebte Föttingers Technik jedoch im Eisenbahnbau. Für drei im Auftrag der Österreichischen Bundesbahnen bei Steyer-Daimler-Puch gebaute Schienenbusse lieferte Voith 1934 die ersten „Turbogetriebe". Der Übergang von der Dampf- zur Diesellokomotive eröffnete uns von nun ab ungeahnte Absatzmöglichkeiten. Großaufträge gingen vor allem von der Deutschen Reichsbahn ein. Da unser Turbogetriebe die Geschwindigkeit automatisch dem Fahrwiderstand und der Steigung anpaßte, konnte der Fahrer seine Aufmerksamkeit voll der Strecke und den Signalen widmen. Dank unseres technischen Vorsprungs waren wir in der Lage, Kunden weltweit zu beliefern.

Als nach dem Zweiten Weltkrieg in Deutschland die alten Dampfloks zugunsten moderner Diesellokomotiven ausgemustert wurden, erlebte Voith einen wahren Boom. Während zu dieser Zeit im Inland immerhin noch mehr als ein halbes Dutzend Lokomotiven-Hersteller existierten, waren wir auf unserem Gebiet Monopolist. Diese Alleinstellung war für uns einerseits natürlich äußerst vorteilhaft, weil sie uns in die Lage versetzte, unsere Kapazitäten voll auszufahren. Auf der anderen Seite fühlten wir uns durch den steigenden Bedarf der Bundesbahn jedoch unter zunehmendem Druck. In den Gesprächen mit der Bahn war die Länge unserer Lieferfristen ein immer gravierenderes Dauerthema. So entschlossen wir uns 1953, im Süden Heidenheims ein neues Werk für Turbogetriebe und Turbokupplungen zu errichten. Drei Jahre später standen wir erneut vor der Entscheidung zu erweitern. Wir beschäftigten, als die Frage des Standortes zur Diskussion stand, in Heidenheim rund 7000 Mitarbeiter. Das Angebot an qualifizierten Mitarbeitern, insbesondere an Facharbeitern der Maschinenindustrie, war um das Stammwerk herum äußerst bescheiden. So entschlossen wir uns, die Produktion unserer hydrodynamischen Kupplungen nach Crailsheim, 60 Kilometer nördlich von Heidenheim, zu verlagern, wo damals noch keine nennenswerte Industrieansiedlung bestand. Das Werk wurde als selbständige Gesellschaft in das Handelsregister eingetragen.

Bei der Gründung der Voith Turbo KG in Crailsheim hatte ich Hanns Voith für die Idee gewonnen, die jüngere Generation der Familienstämme Hermann und Hanns Voith unmittelbar am Unternehmen zu beteiligen. Zusätzlich zu den acht Töchtern trat ich mit einem Anteil von zehn Prozent als persönlich haftender Gesellschafter in die Firma ein. In Crailsheim bauten wir vor allem Turbokupplungen für den Kohlebergbau. Rund 70 Prozent aller Umsätze entfielen allein auf diesen Bereich. Unsere Kupplungen waren für den Einsatz unter Tage deshalb so gefragt, weil sie die Gefahr von Gasexplosionen drastisch vermindern halfen.

Schon 1954 hatte Voith auf der Internationalen Automobil-Ausstellung (IAA) in Frankfurt das erste einsatzbereite Automatgetriebe, das speziell für Stadtlinienbusse entwickelt wurde, gezeigt. Vor allem in den Großstädten setzte sich die neue Technik nach anfänglichem Zögern auf breiter Front durch. Grundelement war der sogenannte „Differentialwandler" – daher die Abkürzung „DIWA" als Name für das neue Getriebe. 1992 lieferte Voith das 75 000ste DIWA-Getriebe nach Leipzig. Anfang der sechziger Jahre wurde eine alte Idee wieder aufgegriffen und realisiert: Die hydrodynamische Bremse wurde serienmäßig eingesetzt, zunächst für schwere Eisenbahnzüge in den USA. Dank der bei Voith entwickelten Technik war es gelungen, fünf Kilometer lange, schwere Güterzüge sicher über die Rocky Mountains zu bringen – ohne Sicherheitsrisiko und fast ohne Verschleiß. Der entscheidende Durchbruch gelang bei Reiseomnibussen und Lastkraftwagen. Als Voith-Retarder wurden die neuen Systeme zu einem Begriff.

Viele unserer technischen Innovationen gelangten in enger Kooperation mit namhaften Kraftfahrzeug-Herstellern zur Serienreife. So entwickelten wir zusammen mit Ferdinand Porsche ein hydrodynamisches Getriebe für

Porsche-Modelle. Nach zwei Jahren gemeinsamer Arbeit bekannte Porsche, daß er unser neues Getriebe nur für jährlich maximal hundert bis zweihundert Wagen für den US-Markt benötige. In Europa bevorzugten die sportlichen Porsche-Fahrer einen Wagen zum Schalten. Wir standen vor einer schwierigen Entscheidung: Sollten wir trotzdem in den Fahrzeugbau einsteigen? In diesem Fall mußten wir davon ausgehen, daß die Autoindustrie unsere Kapazitäten bestimmen würde. Dies aber bedeutete, daß wir das für dieses Produktprogramm benötigte Werk nicht in Heidenheim oder Crailsheim errichten konnten, sondern am Rande einer großen Stadt, wo man bei Bedarf auch einige Tausend Menschen beschäftigen könne. So entstand der Gedanke, ein Zweigwerk in Garching bei München zu bauen. Es wurde 1963 eingeweiht und lieferte zunächst ausschließlich DIWA-Getriebe für den Omnibusbau. Mit einer Belegschaft von knapp 600 Mitarbeitern ist es das von seiner Ausstattung modernste Werk der Voith-Gruppe.

Nachdem die Antriebstechnik innerhalb der Voith-Gruppe eine so große Bedeutung erlangt hatte, daß uns eine zentrale Steuerung zweckmäßig erschien, haben wir die Voith Turbo KG 1984 im Wege eines Verkaufs an die J. M. Voith GmbH wieder mit dem Stammunternehmen zusammengeführt.

Von der wegweisenden Erfindung Hermann Föttingers ausgehend, hat Voith im Laufe von sechzig Jahren neben seinen traditionellen Arbeitsgebieten Strömungs- und Papiertechnik mit der industriellen Antriebstechnik und Werken in Heidenheim, Crailsheim und Garching ein starkes drittes Standbein geschaffen, das viel weniger konjunkturempfindlich als beispielsweise der Papiermaschinenbau ist, der durch die hohen Verluste der Papierhersteller Anfang der neunziger Jahre weltweit in schwere Turbulenzen geriet.

Der Anfang der siebziger Jahre stellte uns plötzlich vor

eine Situation, die uns die Suche nach weiteren Diversifikations-Möglichkeiten als dringend geboten erscheinen ließ. Unsere Absatzlage bei Papiermaschinen hatte sich dramatisch verschlechtert. Grund war die Offensivstrategie unseres finnischen Konkurrenten Valmet, der mit dem finanziellen Rückhalt seines staatlichen Eigentümers den heimischen Markt ganz unter seine Kontrolle gebracht hatte. Und nicht nur den: Durch die Übernahme eines maßgeblichen schwedischen Mitbewerbers waren die Finnen auf dem bis dahin für uns bedeutenden skandinavischen Markt praktisch der führende Anbieter. Unter diesen Umständen sahen wir uns 1971 gezwungen, in Heidenheim unsere Belegschaft um über tausend Mitarbeiter zu verringern. Dies war für mich die schwerste Entscheidung in meinem beruflichen Leben, obwohl die betroffenen Menschen damals noch leichter woanders wieder einen Arbeitsplatz fanden als heute.

Auf der Suche nach neuen Märkten gingen wir wiederum von dem Gedanken aus, in unserem Hause entstandenes technisches Know-how für die Entwicklung zukunftsweisender Produkte zu nutzen. Als in der ersten Ölkrise die Erschließung alternativer Energiequellen in den Mittelpunkt des allgemeinen Interesses rückte, entstand bei uns der Gedanke, Windkraftanlagen zu bauen. In unserer Versuchsanstalt in Heidenheim hatten wir neben den Abteilungen Wasserturbinen und Papiermaschinen die sogenannte „Voith-Lüfter-Abteilung", in der Belüftungsanlagen vor allem für Windkanäle und Tunnelbelüftungen entwickelt worden waren. So ist beispielsweise der Hamburger Elbtunnel noch heute mit Voith-Lüftern ausgerüstet. Mit den Erfahrungen aus dem Lüfterbau errichteten wir 1983 dreißig Kilometer von Heidenheim entfernt auf der Schwäbischen Alb den Prototypen einer Windkraftanlage. Den erzeugten Strom nahm die Energie-Versorgung Schwaben AG ab. Aufgrund der stark wechselnden Windverhältnisse stellte sich jedoch schon bald heraus, daß unsere Anlagen wirtschaftlich nicht zu betreiben waren.

Der erhoffte Durchbruch blieb uns auch bei Kompressoren versagt, die wir eine Zeitlang vor allem für die Bauindustrie bauten. Die dafür notwendigen Entwicklungen hatten die stärksten Impulse durch unsere Arbeit auf dem Gebiet der Turbogetriebe erhalten. Gegen die massive Konkurrenz der führenden internationalen Anbieter hatten wir kaum Chancen, innerhalb einer kalkulierbaren Zeit ein Geschäft aufzubauen, das von seiner Größe mit den bestehenden Sparten auch nur im entferntesten zu vergleichen gewesen wäre.

Schon im Jahre 1965 hatten wir mit der Gründung der Voith-Müllex GmbH den Versuch unternommen, in das Geschäft mit Müllkompostieranlagen einzusteigen. Das Projekt entsprach insbesondere den Vorstellungen von Hanns Voith, industrielle Neuentwicklungen in den Dienst des Umweltschutzes zu stellen. Wir bauten in der inzwischen zu Heidenheim gehörenden Gemeinde Mergelstetten eine Pilotanlage, in welche die Stadt einen Teil des Hausmülls einbrachte. Der mit Hilfe der Müllverwertung gewonnene Kompost wurde der Land- und Forstwirtschaft sowie Weinbergbesitzern angeboten. Doch mußten wir feststellen, daß die Anlage wirtschaftlich nicht zu betreiben war. Die Zeit war einfach noch nicht reif für den Gedanken einer Müllkompostierung. Ich führte seinerzeit mit dem Umweltberater des Stuttgarter Ministerpräsidenten Hans Filbinger, dem früheren VW-Chef Kurt Lotz, ein Gespräch über unser Problem. Er schlug mir vor, die Anlage bis zum Jahr 2000 auf Sparflamme weiterzuführen. Doch auf die vage Aussicht, daß dann ein Markt für unser technisches System vorhanden sei, konnten wir uns nicht verlassen. Im Frühjahr 1974 stellte Voith-Müllex deshalb seine Tätigkeit ein.

Mit der Übernahme der Firma Dörries in Düren 1966 hatten wir uns nicht nur einen bedeutenden Konkurrenten auf dem Gebiet der Papiermaschinen angegliedert. Das Unternehmen war als Hersteller von Karussell-Drehbänken auch ein namhafter Werkzeugmaschinen-Hersteller. Gegenüber seinem damals schärfsten Rivalen, der Düsseldorfer Firma Schiess, hatte Dörries erhebliche Kostenvorteile. Der Grund war vor allem der günstige Standort: Anders als seine Papiermaschinen fertigte das Unternehmen seine Drehbänke in der Eifel mit einer wesentlich zuverlässigeren Belegschaft und niedrigeren Löhnen. Der Dörries-Werkzeugmaschinenbau hatte in guten Jahren eine Umsatzrendite zwischen zehn und fünfzehn Prozent.

Mit dem Kauf der belgischen Firma Pégard, die unter anderem Bohrwerke produzierte, konnten wir unser Dörries-Programm im Bereich Werkzeugmaschinen 1970 abrunden. In nähere Beziehung zu Pégard waren wir ursprünglich aus anderen Gründen gekommen: Wegen akuter Überlastung unserer Kapazitäten in unserem Getriebewerk hatten wir an die Belgier Lohnaufträge vergeben. Als es plötzlich hieß, das Unternehmen solle verkauft werden, griffen wir zu, um unsere Fertigungsbasis zu erhalten. Als dann später der Auftragsdruck bei Getrieben nachließ, beschlossen wir, die Werkzeugmaschinensparte von Pégard zielstrebig auszubauen. Doch die Firma, die zum Zeitpunkt der Übernahme durch Voith rund 400 Beschäftigte zählte, konnte sich am Markt nicht behaupten und mußte schließlich 1984 Vergleich anmelden. Unser Werkzeugmaschinengeschäft, das wir 1986 durch den Erwerb der Firma Scharmann GmbH & Co. in Mönchengladbach weiter ausbauten und das zuletzt einen Jahresumsatz von 219 Millionen Mark (1990/91) erzielte, fiel im Zuge der Realteilung 1993 an den aus der Voith-Gruppe ausgeschiedenen Familienstamm Hermann Voith.

Im Jahre 1966 gingen wir eine maßgebliche Beteiligung

Überreichung der Ehrenbürgerurkunde der Stadt Heidenheim durch Oberbürgermeister Martin Hornung am 12. August 1983.

an der Firma Emil Blaschke in Endersbach an der Filz, Hersteller von Maschinen für die Kunststoffverarbeitung, ein. Wir waren überzeugt, der auf diesem Gebiet führenden Frankfurter Firma Zimmer AG durch verstärkte Anstrengungen Paroli bieten zu können. Vielleicht hatten wir jedoch der Erfahrung, daß eine Diversifikation je risikoreicher ist, desto weiter sie vom vertrauten Stammgeschäft wegführt, nicht die nötige Aufmerksamkeit geschenkt. Nachdem feststand, daß wir nicht annähernd die gesteckten Ziele erreichen würden, entschlossen wir uns schweren Herzens, Blaschke zu liquidieren. 1973 kauften wir die Kapitalmehrheit der Firma J. Fischer in Lohmar bei Köln. Drei Jahre später übernahmen wir auch die restlichen Anteile. Das Unternehmen hatte eine führende Position auf dem Gebiet von Kunststoff-Blasmaschinen. Um mit den großen Kunststoffmaschinen-Produzenten mithalten zu können, hätten wir jedoch durch weitere Akquisitionen ein größeres Umsatzvolumen erreichen müssen. Doch die Konzentration in dieser Branche war bereits sehr weit fortgeschritten, so daß sich für uns kaum Chancen ergaben, durch externes Wachstum zu den führenden Konkurrenten aufzuschließen. So verkauften wir Fischer 1981 an die zur SMS Schloemann-Siemag AG gehörenden Firma Battenfeld in Meinerzhagen.

Die Schilderung unserer Versuche, auf neuen Geschäftsfeldern Fuß zu fassen, mag wie eine Aneinanderreihung deprimierender Mißerfolge erscheinen. Ich will gar nicht verschweigen, daß wir insbesondere in den Fällen, in denen wir den ersten Schritt durch eine Akquisition wagten, über das Erreichte mehr als unglücklich waren. Auf der anderen Seite ging eine Reihe von Versuchen, wie etwa die erwähnte Windkraft- oder Kompostieranlage über Pilotanlagen mit relativ geringer Mittelbindung nicht hinaus. Als (im Vergleich zu großen Kapitalgesellschaften) kleineres Familienunternehmen mit begrenzten finanziellen Ressourcen ist man ohnehin gezwungen, neue Produktlinien behutsam aufzubauen, statt mit Firmenkäufen zu „klotzen". Unverrückbarer Grundsatz war es immer, bei allem Neuen, das uns beschäftigte, die Stärkung der bestehenden Arbeitsgebiete nicht zu vernachlässigen. Daß wir das innere Wachstum bei unseren Bemühungen um Erweiterung der Produktpalette stets im Auge behielten, zeigt insbesondere die Dynamik der jüngsten unserer drei Sparten, der Antriebstechnik. Anfang der siebziger Jahre trug dieser Bereich erst mit 136 Millionen Mark zum Jahresumsatz von 553 Millionen Mark bei. Im Geschäftsjahr 1992/93 setzte Voith mit Antriebssystemen für Fahrzeuge und industrielle Anwendungen bereits 593 Millionen Mark um.

10. Sparkasse für den Notfall

Eine glückliche Hand mit Finanzbeteiligungen

Die Schwaben werden zu Recht als ein sparsamer Menschenschlag gerühmt. Sie lebten nun einmal Jahrhunderte hindurch in äußerst kargen Verhältnissen. Das Haus Voith und seine Gesellschafter haben das Ihre getan, um diesem Ruf gerecht zu werden. Die guten Gewinne in den Jahren des stürmischen Wiederaufbaus hätten sie ohne weiteres dazu berechtigt, entsprechend hohe Ausschüttungen zu beschließen. Doch blieb man bescheiden. In den ersten zwanzig Jahren nach Umwandlung der OHG in eine GmbH am 1. Januar 1950 wurden im Durchschnitt nur drei Prozent, bezogen auf den Vermögenssteuerwert der Geschäftsanteile, als Dividende verteilt. „Wir müssen das Heu in die Scheune fahren, solange die Sonne scheint", begründete Hanns Voith auf einer Betriebsversammlung einmal die zurückhaltende Dividendenpolitik der Gesellschafter. Priorität hatte eindeutig die Stärkung der finanziellen Reserven des Unternehmens.

Da wir aufgrund unseres langfristigen Auftragsbestands die günstige Ertragsentwicklung in dieser Zeit schon zwei bis drei Jahre im voraus abschätzen konnten, fiel es uns um so leichter, systematisch an den Aufbau eines Beteiligungs-Portefeuilles außerhalb unserer traditionellen Arbeitsgebiete heranzugehen. Langfristig schwebte mir hierfür ein Investitionsvolumen zwischen 200 und 300 Millionen Mark vor. Die erste Gelegenheit bot sich uns im Jahre 1956, als uns von der Dresdner Bank ein 25prozentiges Aktienpaket der Deutschen Continental-Gas-Gesellschaft (kurz „Contigas" genannt) angeboten wurde. Das ursprünglich in Dessau beheimatete, nach dem Krieg nach Düsseldorf übergesiedelte Unternehmen verfügte über ein weitverzweigtes Bündel von Interessen in der Gas- und Elektrizitätswirtschaft, im Steinkohlebergbau und in der verarbeitenden Industrie. Größter Contigas-Aktionär war zu dieser Zeit die Allianz-Versicherung mit 30 Prozent.

Hanns Voith war einigermaßen verblüfft, als ich ihm über die Gelegenheit berichtete, eine Contigas-Schachtel zu kaufen. Mit sorgenvoller Miene rief er aus: „Ja um Gottes Willen, Herr Rupf, was sollen die Leute denken, der kleine Voith, der kauft die große Contigas?" Ich hatte mit einem solchen Einwand gerechnet und mir bereits eine Taktik zurechtgelegt.

Ich sagte zu ihm: „Herr Voith, ich mache Ihnen einen Vorschlag. Die Dresdner Bank hat uns das Paket zum Kurs von 330 angeboten. Erlauben Sie mir, ein Gebot über 300 Mark abzugeben. Wenn sie akzeptiert, hat das Schicksal gesprochen, lehnt sie ab, dann ist es auch recht." Herr Voith war einverstanden – und so kamen wir in den Besitz des Contigas-Pakets.

Nachdem der Erwerb perfekt war, rief mich das für das Geschäft zuständige Vorstandsmitglied der Dresdner Bank, Herbert Henzel, an, um mir mitzuteilen, daß wir mit der Übernahme der Aktien noch vier bis sechs Wochen warten müßten. Auf meine Frage nach den Gründen für die Verzögerung mußte er eingestehen, das sein Haus gar nicht Eigentümer der Beteiligung sei, sondern die Transaktion lediglich vermittle. Der eigentliche Verkäufer sei vielmehr der bekannte Börsenspekulant Hermann D. Krages. Der jedoch besitze leider noch nicht einmal volle

25 Prozent, so daß er die zur steuerprivilegierten Schachtel fehlenden Anteile erst dazukaufen mußte. Binnen weniger Wochen konnte das Geschäft jedoch wie vereinbart abgewickelt werden.

Nach dem Einstieg bei Contigas standen wir vor der Frage, wie wir, nachdem wir zweitgrößter Einzelaktionär geworden waren, im Aufsichtsrat vertreten sein sollten. Das entscheidende Wort hatten in diesem Gremium traditionell die Großbanken: Die Deutsche Bank stellte den Vorsitzenden, die Dresdner Bank den Stellvertreter. Schon in den Verkaufsverhandlungen hatte Henzel mir gegenüber sein großes Interesse bekundet, weiterhin den stellvertretenden Vorsitz auszuüben. Mir bereitete diese Konzession keinerlei Bauchschmerzen. Wir wollten zwar im Aufsichtsrat vertreten sein, strebten jedoch nicht unbedingt einen Sitz im Präsidium an. Wir befanden uns damit auf einer Linie mit der Allianz, die sich als führender Großaktionär gleichfalls stark im Hintergrund hielt. Dies wurde allerdings anders, als Wolfgang Schieren die Führung des Versicherungskonzerns übernahm. Nach seinen Vorstellungen sollten die beiden Großaktionäre die führende Rolle im Aufsichtsrat nicht länger den Bankiers überlassen, sondern selbst im Präsidium vertreten sein. Den Vorsitz sollte ich übernehmen. Mir fiel die unangenehme Aufgabe zu, die beiden Herren der Großbanken aus ihren Ämtern hinauszukomplimentieren. Vor allem Henzel reagierte auf den „Hinauswurf" äußerst böse. Es dauerte einige Zeit, bis unser durch diese Episode getrübtes Verhältnis zur Dresdner Bank wieder in Ordnung war. Wesentlichen Anteil hatte daran der Vorstandssprecher der Dresdner Bank, Jürgen Ponto, mit dem ich nur wenige Monate vor seiner Ermordung in Anwesenheit Henzels ein klärendes Gespräch führte.

Etwa gleichzeitig mit unserem Contigas-Engagement sprach uns der Frankfurter Wirtschaftsanwalt Hans Wilhelmi darauf an, ob wir gegebenenfalls auch Interesse an einer Bankbeteiligung hätten. Wilhelmi gehörte unserem Aufsichtsrat an und wurde Anfang der sechziger Jahre im letzten Bonner Kabinett Adenauer für kurze Zeit Bundesschatzminister. Bei der Bank, für die er uns zu interessieren suchte, handelte es sich um ein traditionsreiches Frankfurter Privatbankhaus, das die politischen Stürme des Jahrhunderts auf wundersame Weise überstanden hatte. Die Deutsche Effecten- und Wechselbank AG war im Jahre 1821 von der jüdischen Familie Hahn gegründet worden. Auch als die Erben des Gründers ihre Bank an die Börse brachten, behielten sie ihre beherrschende Stellung.

Als die Freie Reichsstadt Frankfurt 1866 an Preußen fiel, machten viele reiche Bürger von der ihnen angebotenen Möglichkeit Gebrauch, zusätzlich die Schweizer Staatsbürgerschaft zu erwerben. Auch die Familie Hahn erhielt auf diese Weise einen zweiten Paß. Als nach 1933 die Nazis Hand an jüdisches Eigentum legten, sollte die ererbte doppelte Staatsbürgerschaft für Albert Hahn, Exponent der dritten Generation, schicksalhafte Bedeutung erhalten. Der dem Vorstand seit 1920 angehörende Bankier konnte mit seinem gesamten Vermögen in die Schweiz übersiedeln. Nach dem Krieg kehrte er bald nach Frankfurt zurück.

Als wir mit der Bank in Berührung kamen, verfügte Albert Hahn allerdings nur noch über einen Anteil von zehn Prozent. Größter Gesellschafter war mit 40 Prozent der Londoner „Sir-Max-Michaelist-Trust"; 15 Prozent hielt der Offenbacher Privatbankier Friedrich Hengst und 25 Prozent der Baulöwe Willy Kaus. Dieser suchte einen Abnehmer für seine Beteiligung, um mit dem Verkaufserlös die Metzeler Gummiwerke AG in München übernehmen zu können. Aufsichtsratschef der Deutschen Effecten- und Wechselbank AG war zu dieser Zeit der mit der

Familie Hahn verwandte Peter Bartmann, der wie sich herausstellte, zusammen mit Hanns Voith im akademischen Sportverein in Dresden aktiv gewesen war. Mein Rat an unsere Gesellschafter, die Kaus-Anteile zu übernehmen, resultierte jedoch primär aus der Überzeugung, mit dieser Akquisition an einem äußerst ertragreichen und gut geführten Privatbankhaus an Deutschlands erstem Finanzplatz beteiligt zu sein.

In Albert Hahn lernte ich im Aufsichtsrat einen Mann kennen, den ein Biograph zu Recht als „einen der letzten Frankfurter alten Stils" beschrieben hat. Eigentlich war er viel weniger Bankier, als ein universell gebildeter Geld- und Währungstheoretiker, dessen profundes Urteil auch im Ausland Gewicht hatte. Schon während meines Studiums hatte er, damals kaum älter als 30, einen Lehrauftrag an der Universität Frankfurt. Nach dem Krieg erhielt er eine Honorarprofessur und brillierte mit seinen Attacken gegen das Krebsübel der Inflation. In einem unserer zahlreichen Gespräche fragte ich ihn einmal, warum er überhaupt wieder nach Deutschland zurückgekehrt sei. Seine Antwort habe ich heute noch im Ohr: „Ach wissen Sie, das ist so, als wenn man seine Ahnen auf dem Friedhof besucht." In Wirklichkeit waren es wohl die alten Freunde, die ihn, der seinen ständigen Wohnsitz in Südfrankreich aufgeschlagen hatte, immer wieder nach Frankfurt zurückführten, wo er regelmäßig im „Frankfurter Hof" logierte. Er war ein stets gern gesehener Gast der Deutschen Bundesbank, deren Präsident Karl Blessing ebenso mit ihm befreundet war wie Hermann Josef Abs.

Leider war Hahn wenig auf strategische Überlegungen hinsichtlich der Aufnahme eines weiteren Bankpartners ansprechbar. Die Chance, die Zukunft der Bank durch eine solche Allianz dauerhaft zu sichern, erschien mir gerade besonders günstig. Mehrere Banken, auch ausländische, suchten einen Stützpunkt in Frankfurt und wären mit der Effectenbank gerne zusammengegangen. Doch Albert Hahn war für derlei Pläne nicht zu gewinnen. „Wissen Sie, Herr Rupf", so hielt er mir entgegen, „das ist wie mit einem jungen, hübschen Mädchen, das ist nur so lange interessant, wie es Körbe verteilen kann; sobald es seine Hand hergegeben hat, will niemand mehr etwas von ihm wissen." Ich erwiderte ihm darauf: „Lieber Professor, auf diese Weise wird das Mädchen zu einer alten Jungfer, die dann erst recht keiner mehr haben will." Also zu Lebzeiten Hahns war an eine Partnerschaft mit einer anderen Bank nicht zu denken.

Nachdem Albert Hahn gestorben war, signalisierte uns Siegmund Warburg Interesse an einer Beteiligung an der Effectenbank. Der Kontakt zu mir kam über seinen Freund Hans L. Merkle, Vorsitzender der Geschäftsführung der Robert Bosch GmbH, zustande, der dem Hause Voith seit vielen Jahren eng verbunden war. Siegmund Warburg war neben Hermann Josef Abs, mit dem er seit gemeinsamen Londoner Tagen eng befreundet war, die dominierende Figur auf der europäischen Finanzbühne. Er hatte das Geldgeschäft in der Hamburger Privatbank M. M. Warburg gelernt, in der er später zum Teilhaber aufstieg. Nach der Machtübernahme durch Hitler brachen für die jüdische Bank und ihre Inhaber schwere Zeiten an. Warburg erkannte früher als seine Verwandten, welches Schicksal den deutschen Juden bevorstand. Als in Berlin mehrere Bekannte ohne Haftbefehl aus ihren Häusern verschleppt wurden, verwendete er sich bei Reichsaußenminister Freiherr von Neurath, einem guten Bekannten aus Kindertagen, für die Verhafteten. Der einstige Karrierediplomat zuckte nur ratlos mit den Schultern und bekannte, als „politisch verdächtiger" Nicht-Nazi nichts gegen dieses Unrecht ausrichten zu können. Telefonisch bat Warburg noch am selben Tag seine Frau, eine gebürtige Schwedin, sofort mit den beiden Kindern nach Stockholm zu ihren

Eltern zu fahren. Er selbst fuhr nach Hamburg und nahm das Schiff nach New York mit dem festen Vorsatz, nicht wieder nach Deutschland zurückzukehren. Später baute er in London die Merchant Bank S. G. Warburg & Co. auf und avancierte zum ersten Bankier der City. Die Hamburger Warburg-Bank firmierte seit 1941 unter dem Namen ihrer „arischen" Treuhänder Brinkmann, Wirtz & Co.

Alle Versuche Siegmund Warburgs, nach dem Krieg die alten Besitzverhältnisse wiederherzustellen, blieben vergeblich. Um den Namen Warburg in Deutschland wieder aufleben zu lassen, schlug er mir vor, aus der Deutschen Effecten- und Wechsel-Bank die Kernbereiche des Bankgeschäfts auszugliedern und Warburg daran zu 50 Prozent zu beteiligen. So entstand schließlich die „Deutsche Effectenbank Warburg AG". Um unseren alten Namen nicht ganz untergehen zu lassen, brachten wir die verbliebenen Vermögensteile, also insbesondere Immobilienbesitz und Firmenbeteiligungen, in eine „Deutsche Effecten- und Wechsel-Beteiligungs-AG" (DEWB) ein.

Dank der überragenden Persönlichkeit Siegmund Warburgs nahm die Deutsche Effectenbank Warburg eine außerordentlich positive Entwicklung. Leider sollte sich bald erweisen, daß das starke Interesse am Finanzplatz Frankfurt von seinen maßgeblichen Kollegen nicht geteilt wurde. Denn schon bald nachdem Siegmund Warburg kurz nach seinem 80. Geburtstag im Herbst 1982 gestorben war, ließen seine Londoner Partner Ausstiegsabsichten erkennen. Rein rechtlich hätte Voith die Möglichkeit gehabt, den Warburg-Anteil an der Bank zu übernehmen. An der finanziellen Frage wäre ein solcher Schritt mit Sicherheit nicht gescheitert. Doch wollten wir als Industrieunternehmen nicht gleichzeitig die Alleinverantwortlichen für eine Bank sein. Eine Bank dieses Zuschnitts mußte ja international in der Lage sein, praktisch über Nacht mehrere hundert Millionen Mark an Krediten zu beschaffen. Dies überstieg jedoch die Möglichkeiten einer Bank mit einem Unternehmen wie Voith als einzigem Gesellschafter. Gern hätten wir eine Minderheitsbeteiligung von 25 Prozent behalten. Doch liefen die Verhandlungen, die Siegmund Warburgs langjähriger Vertrauter Henry Grunfeld führte, in eine andere Richtung. Die von ihm als Käufer favorisierte Schweizerische Kreditanstalt Zürich wollte die Bank entweder ganz oder gar nicht. So blieb uns am Ende nichts anderes übrig, als sämtliche Anteile abzugeben. Immerhin erhielten wir für unsere 50 Prozent annähernd 70 Millionen Mark, für die wir sofort neue Anlagen suchten.

An dieser Stelle muß ich nachtragen, daß wir bei Voith bereits im Frühjahr 1972 die nicht zum Maschinenbau zählenden Aktivitäten in einer zu diesem Zweck gegründeten „Voith Beteiligungen GmbH" zusammengefaßt, also vom Stammgeschäft juristisch abgetrennt hatten. Hintergrund waren Überlegungen, in einer oder mehreren Kernsparten Kooperationen mit anderen Unternehmen einzugehen und dabei eine möglicherweise in Frage kommende Beteiligung eines künftigen Partners an Voith sinnvollerweise auf die eigentlichen Schlüsselbereiche zu konzentrieren. Zu Planspielen dieser Art hatte vor allem die schlechte Auftragslage Anlaß gegeben. Ursache hierfür war insbesondere der Verlust des skandinavischen Papiermaschinenmarktes an unsere finnische Konkurrenz. Nachdem unsere eigenen Bemühungen um eine Verbreiterung unseres Maschinenbauprogramms, vor allem um Kunststoff- und Werkzeugmaschinen, nicht den erhofften Erfolg hatten, richteten wir unser Augenmerk verstärkt auf die Zusammenarbeit mit einem Partner. Unser Wunschkandidat war schon damals Sulzer. Eine Verbindung mit Escher-Wyss erschien uns geradezu ideal. Da es zu diesem Zeitpunkt noch nicht die heutige Form der Fusionskontrolle gab, hätte ein Zusammengehen beider Unternehmen keinerlei Kartellprobleme aufgeworfen. Doch schon erste Gespräche mit der Sulzer-Führung in Winterthur, die Herr Merkle zusammen mit mir führte, ergaben zu unserer Enttäuschung, daß die Schweizer zu einem so weitgehenden Schritt nicht bereit waren. Sulzer hatte gerade eine Aktionärsstruktur gefunden, die dem Konzern einen weitgehenden Schutz vor ausländischem Einfluß bot.

Nach den ergebnislosen Sulzer-Sondierungen versuchten wir, ähnliche Ziele mit einem amerikanischen Lizenzpartner, dem Industrieausrüster Ingersoll-Rand, zu verwirklichen. Wir hatten mit einer Tochtergesellschaft von Ingersoll-Rand auf dem Gebiet der Stofftechnik erfolgreich zusammengearbeitet. Ingersoll-Rand war zwar grundsätzlich an einer Verbindung mit Voith interessiert, doch wollten die Amerikaner bei uns die Mehrheit. Da wir aber höchstens 49 Prozent abzugeben bereit waren, scheiterten die Gespräche. Wir gewannen bei unseren Sondierungen zunehmend den Eindruck, daß Voith in seiner damaligen Form für einen Beteiligungspartner ein zu dicker Brocken sein würde. Warum sollte sich ein Unternehmen, das sich bei uns im Maschinenbau engagieren wollte, gleichzeitig indirekt auch noch an einem Energieunternehmen und an einer Bank beteiligen? Aus diesen Überlegungen entstand der Plan, die nicht zum Stammgeschäft zählenden Beteiligungen, vor allem an Contigas und der Deutschen Effecten- und Wechsel-Bank, auszugliedern und in eine eigene Gesellschaft einzubringen. Bei der Wahl des Zeitpunktes für die beabsichtigte Transaktion hatten wir steuerrechtliche Vorgaben zu beachten. Denn am 31. Dezember 1972 lief das Gesetz für die steuerfreie Ausgliederung und Umwandlung („Umwandlungssteuergesetz") ab. Hätten wir die Umgruppierungen zu einem späteren Zeitpunkt vorgenommen, wäre dies für uns sehr teuer geworden. So wurde die mit einem Stammkapital von 60 Millionen Mark ausgestattete „Voith Beteiligungen GmbH" rechtzeitig im März 1972 ins Handelsregister Heidenheim eingetragen.

Eingebracht wurden außer den Beteiligungen an Contigas und der Bank (damaliger Kurswert: zusammen über 150 Millionen Mark) zusätzlich unsere Anteile an den Firmen Dörries in Düren und Pégard in Belgien sowie mehrere Immobiliengesellschaften, die vor allem unseren wertvollen Grundbesitz in der Frankfurter City verwalteten.

Zurück zum Verkauf unserer Anteile an der Effectenbank Warburg AG an die Schweizerische Kreditanstalt. Auf der Suche nach einem geeigneten Tauschobjekt kam mir der Gedanke an ein Engagement an der Salamander AG in Kornwestheim. Mit dem traditionsreichen Schuhhersteller war ich nicht nur durch meine Freundschaft zu einem Mitglied der Gründer- und Großaktionärsfamilie Siegle eng verbunden. In einer für das Unternehmen schwierigen Lage – ein für die Führung vorgesehenes Vorstandsmitglied war tödlich verunglückt – bat mich mein (mit einer geborenen Siegle verheirateter) Freund Angelo Hammelbach, den Vorsitz im Aufsichtsrat zu übernehmen. In dieser Position war es meine wichtigste Aufgabe, für Salamander einen neuen Vorstandsvorsitzenden zu finden. Ich fand ihn in der Person von Franz Josef Dazert, der lange Zeit Finanz- und Vermögensverwalter des Fürsten von Waldburg-Zeil und zwischen 1970 und 1973 Vorstandsvorsitzender der Württembergischen Metallwaren-Fabrik (WMF) gewesen war. Bei der Übernahme einer zehnprozentigen Beteiligung an Salamander war uns die Victoria-Versicherung, Düsseldorf, behilflich, die neben der Münchener Rück größter Einzelaktionär war. Neben unserem Engagement bei Salamander übernahmen wir durch Vermittlung der Deutschen Bank auch zehn Prozent an der Hausgerätefirma Leifheit GmbH, Nassau, die 1984 an die Börse ging und sich hervorragend entwickelt hat, sowie noch 20 Prozent an der Südbank AG, Stuttgart, die ihre Kunden vor allem in genossenschaftlich organisierten Betrieben der Landwirtschaft hat. Schließlich gingen wir noch eine Beteiligung von rund 32 Prozent an der Elring Dichtungswerke GmbH (heute: Elring GmbH), Stuttgart, ein. Das Unternehmen liefert vor allem Dichtungen für die Automobilindustrie.

Im Jahre 1981 fühlte das mehrheitlich vom Freistaat Bayern kontrollierte Energieunternehmen Bayernwerk AG bei uns vor, ob wir gegebenenfalls zur Abgabe unserer Contigas-Schachtel bereit wären. Das Bayernwerk verfolgte das Ziel, im Süden ein starkes Gegengewicht zur RWE aufzubauen. Zu diesem Zweck hatte es ein begehrliches Auge vor allem auf die Contigas-Beteiligungen an süddeutschen Stromversorgungs-Unternehmen geworfen. Nach Abstimmung mit Wolfgang Schieren von der Allianz erklärte ich mich zu konkreten Übernahmeverhandlungen unter der Bedingung bereit, daß wir gegen das Paket steuerneutral andere Beteiligungen eintauschen könnten. Schließlich entschloß sich auch die Allianz, ihre Schachtel abzugeben, so daß das Bayernwerk die Majorität übernehmen mußte.

Aufsichtsrats-Vorsitzender des Bayernwerks war der damalige Finanzminister Max Streibl. Um die Voraussetzungen für die geplante Transaktion zu schaffen, erreichte er bei seinem baden-württembergischen Amtskollegen, daß wir den Contigas-Erlös von rund 300 Millionen Mark zum größten Teil unversteuert auf neue Beteiligungen übertragen konnten. So erwarben wir durch Vermittlung des Vorstandssprechers der Deutschen Bank, Wilfried Guth, 25 Prozent an der Stella Automobil-Beteiligungsgesellschaft mbH, die wiederum eine Schachtel der Mercedes Aktiengesellschaft Holding, Frankfurt, besaß. Unser Paket hatte die Schweizerische Bankgesellschaft abgegeben. Sein Kurswert betrug 125 Millionen Mark. Vor dem Stella-Erwerb (der durchgerechnet 1,5 Prozent vom Kapital der Daimler-Benz AGB ausmachte) war Voith noch indirekt

Verleihung des Ehrenprofessortitels durch den baden-württembergi-
schen Ministerpräsidenten Lothar Späth am 18. Oktober 1983.

über die Deutsche Effecten- und Wechsel-Beteiligungsgesellschaft AG an Daimler-Benz beteiligt: durch eine
Schachtel an der Süd-Star Automobil-Beteiligungsgesellschaft – einer Zwischenholding, der wiederum ein Viertel
von Stella gehörte. Nach der Deutschen Bank, der Merce-
des-Holding und dem Scheichtum Kuwait war Voith somit,
wenngleich mit weitem Abstand zu den „großen Drei", der
viertgrößte Aktionär des Stuttgarter Automobilkonzerns.

Bei der Deutschen Effecten- und Wechsel- Beteiligungs-
gesellschaft AG, an der wir mit 55 Prozent die Mehrheit
hatten, übernahmen wir – ebenfalls steuerneutral – von
der DG Bank Deutsche Genossenschaftsbank weitere 40
Prozent. Schließlich erwarben wir über Bosch eine Unter-
beteiligung an der Firma Telefonbau und Normalzeit,
Frankfurt (heute: Telenorma GmbH) in Höhe von 15 Prozent. Hier war kein steuerneutraler Tausch möglich.

Alles in allem haben wir mit unseren Finanzbeteiligungen viel Glück gehabt. Wer konnte 1956 schon voraussehen, daß wir mit den 60 Millionen Mark, die wir für eine 25prozentige Beteiligung an Contigas anlegten, ein Finanzvermögen aufbauen könnten, dessen Börsenwert eines Tages deutlich über einer Milliarde Mark liegt. Allein unsere 95 Prozent an der Deutschen Effecten- und Wechsel-Beteiligungsgesellschaft erreichte einen Kurswert von über 700 Millionen Mark, die Stella-Schachtel erreichte nach dem Börsenkurs der Mercedes-Holding-Aktie einen Wert von etwa 400 Millionen Mark.

In den Jahren 1987/88 stockten wir unsere Salamander-Beteiligung über die Börse zu äußerst günstigen Kursen um weitere zehn Prozent auf. An sich hatten wir in diesem Paket eher eine längerfristige Anlage gesehen. 1990 stieg die Aktie als Folge der stimulierenden „Ost-Phantasie" (Salamander hatte sich stark in der Sowjetunion engagiert) auf ungeahnte Höhen. Die Hausse veranlaßte uns, über eine Reduzierung unserer Beteiligung nachzudenken. Über den Vorstandsvorsitzenden Dazert kamen Gespräche mit der Deutschen Bank zustande, die zehn Prozent des Aktienkapitals von Salamander übernahm. Zuvor hatten wir dieses Paket unseren Poolpartnern, Victoria und Münchner Rück (zusammen rund 30 Prozent), sowie der Commerzbank (zehn Prozent) anbieten müssen. Niemand war jedoch daran interessiert, seinen Besitz weiter aufzustocken. Durch den Verkauf unseres Zehnprozent-Anteils an die Deutsche Bank erzielten wir einen Gewinn von 35 Millionen Mark.

Eine Zeitung schrieb gelegentlich, ich sei „ein Bankier mit dem Hobby einer Maschinenfabrik". Bei aller Anerkennung, die dabei für meinen Umgang mit Geld zum Ausdruck kommt, führt diese Pointierung doch zu einem falschen Bild. Ich habe mich immer und zu allererst als Maschinenbauer gefühlt. Das schloß jedoch nicht aus, daß wir uns einen „Notgroschen" zurücklegten. Daß daraus mehr wurde – um so besser! Hätten wir diese Reserven, dieses starke finanzielle Fundament, nicht aufgebaut, wären wir kaum imstande gewesen, so risikobeladene Großaufträge mit ungewöhnlich langen Finanzierungsfristen hereinzunehmen. Gar nicht daran zu denken, daß es diese Finanzbeteiligungen waren, die es uns ermöglichen sollten, eine Realteilung des Unternehmens unter den beiden Familienstämmen vorzunehmen, ohne daß die industrielle Basis dadurch im Kern erschüttert wurde. Dazu später mehr.

11. Die Verfassung des Hauses Voith

Frühe Trennung von Eigentum und Management

Am 7. Januar 1971, abends gegen 21 Uhr, starb 85jährig Hanns Voith in seinem Haus. Einige Tage zuvor war ich noch einmal bei ihm gewesen. Uns beiden war klar, daß es ein Abschied für immer sein würde. Noch im Sommer hatte er seine in England lebende Tochter Martina für einige Wochen besucht. Ich traf ihn zufällig auf dem Londoner Flughafen, und er erzählte mir begeistert von dieser schönen Zeit und den neuen Eindrücken, die er bei seinem Besuch gewonnen habe. Er war geradezu unternehmungslustig und meinte, im Herbst vielleicht noch eine Schiffsreise nach Brasilien zu wagen, um das jüngste Voith-Werk in São Paulo zu besichtigen, von dem ich ihm vorgeschwärmt hatte. Einige Wochen später reiste er dann an die Adria, fühlte sich dort jedoch nicht recht wohl und kehrte schon bald wieder nach Heidenheim zurück. Zwar erholte er sich im Spätsommer noch einmal, aber ab November mußten wir mit dem Schlimmsten rechnen. Von seiner Position als Vorsitzender der Geschäftsführung hatte er sich bereits am 17. März 1969 zurückgezogen und war von den Gesellschaftern bei dieser Gelegenheit zum „Ehrenvorsitzenden des Hauses Voith auf Lebenszeit" ernannt worden – ein Titel, den es bis dahin nicht gegeben hatte. Seit langem hatten wir miteinander abgesprochen, daß ich nach seinem Ausscheiden aus der Führung diese Aufgabe übernehmen würde.

In einem Nachruf schrieb ich in unserer Hauszeitschrift: „Hanns Voith war es vom Schicksal her bestimmt, das Werk seiner Väter fortzuführen. Er verkörperte in sich eine unternehmensgeschichtliche Tradition, der er sich nicht entzog, obwohl seine Neigungen, seine musische Veranlagung ihn gerne einen anderen Weg hätten einschlagen lassen." In seinen Lebenserinnerungen schreibt er darüber: „Man kann sagen, ich habe meinen Beruf verfehlt. Ich war wohl eher für eine wissenschaftliche oder künstlerische Laufbahn veranlagt." – Das klingt allzu bescheiden. Auch mag eine leichte Melancholie des Alters darin zum Ausdruck kommen. Gewiß, die Musen hatten es gut mit Hanns Voith gemeint. Er war zuerst das Musenkind und kein *homo oeconomicus*. Er war nicht der Typ des modernen Managers. Auch sein Habitus wich von dem Bild, das man sich gemeinhin von einem Unternehmensführer macht, ab. Hanns Voith sagte einmal zu mir: „Ich bin kein Genie, ich bin kein großer Erfinder, vielleicht habe ich aber den Vorzug, auf allen Gebieten Dilettant zu sein."

Ganz besonders groß war die Trauer bei den Arbeitern. Sie hatten in ihrem Seniorchef einen warmherzigen Patriarchen mit großem sozialem Verantwortungsgefühl verloren. In seinen Lebenserinnerungen schildert er eine Begebenheit aus seiner Praktikantenzeit bei einer Düsseldorfer Werkzeugmaschinenfabrik, die auf ihn einen bleibenden Eindruck gemacht hatte. Bei einem Abschiedsessen, zu dem er und einige andere Praktikanten die Arbeiter ihrer Abteilung eingeladen hatten, nahm plötzlich ein älterer Schlosser das Wort, hielt eine feierliche Rede und erklärte am Schluß, indem er jedem der jungen Herren die Hand drückte: „Ihr habt jetzt mit uns Arbeitern zusammengearbeitet, ihr wißt jetzt, wie wir denken und fühlen, vergeßt das nie, wenn ihr dereinst Unternehmer geworden seid, und habt auch dann noch Herz und Verständnis für Eure Arbeiter!" Von der Idee beseelt, die Bildungskluft zwischen Bürgertum und Arbeiterschaft schließen zu helfen, hatte Hanns Voith nach dem Ersten Weltkrieg Leute aus seinem Betrieb, darunter sogar überzeugte Kommunisten, zu Gesprächsabenden zu sich nach Hause eingeladen.

Schon im Mai 1946 gründeten Hanns Voith und seine Frau Lore im Werk die „Freie Waldorfschule Heidenheim". Mit dieser Bezeichnung wollten sie dokumentieren, daß die Schüler frei von jeder politischen und weltanschaulichen Beeinflussung lernen sollten. In demselben Raum, in dem Rudolf Steiner 1918/19 im „Eisenhof" mehrere Vorträge gehalten hatte, begann eine aus zwölf Jungen und Mädchen bestehende erste Klasse mit dem Unterricht. Später wurde die Schule auf die alten Baracken zwischen der Zylinderdreherei und der Großturbinenhalle ausgedehnt, bevor 1972–1974 ein neues Schulgebäude errichtet wurde. Vorbild war für Hanns Voith die Stuttgarter Waldorfschule, die der Inhaber der Zigarettenfabrik Waldorf-Astoria, Kommerzienrat Emil Molt, nach den Plänen Rudolf Steiners für die Kinder seiner Arbeiter eingerichtet hatte.

Die jungen Leute sollten nicht nur abstraktes Wissen büffeln; Hanns Voith ging es vielmehr darum, daß sie darüber hinaus durch Ausübung handwerklicher und musischer Fähigkeiten etwas „künstlerisch Schöpferisches ins spätere Leben hinüberretten". Persönlich in seinem Lebensstil äußerst bescheiden, fühlte er sich verpflichtet, in sozialer Hinsicht für seine Beschäftigten alles zu tun, was irgendwie vertretbar war. So wurde auf seine Veranlassung hin zunächst ein sogenanntes „Gesundheitshaus" gebaut. Es enthielt nicht nur neue Waschräume für die Belegschaft, sondern auch eine Sauna, dazu medizinische Bäder, ein Schwimmbad und eine Bibliothek. Denn, so fragte er, „was nutzt die Sauberkeit und Pflege des Körpers ohne die Pflege des Geistes und der Kunst?"

Besonderen Wert hatte er stets auf die betriebliche Ausbildung gelegt, vor allem die seiner Lehrlinge. Sie sollten nach seinen Vorstellungen nicht nur gute Schlosser und Dreher werden, sondern auch geistig und künstlerisch inspiriert werden. Deshalb sorgte er dafür, daß sie neben den reinen Lernfächern genügend Gelegenheit hatten, zu malen, zu modellieren und sich mit Literatur zu beschäftigen. Fand die schulische Bildung der Lehrlinge zunächst auf unserem Werksgelände statt, so bot sich später die Möglichkeit, eine in Zahlungsschwierigkeiten geratene Schuhfabrik vor den Toren Heidenheims zu übernehmen und hier unsere firmeneigene Bildungsstätte Haintal zu errichten. Hanns Voith war über das Vorhaben mehr als glücklich. In seiner Einweihungsrede erklärte er, die Werkschule sei für ihn das Tüpfelchen auf dem „i". Unsere finanzielle Lage war so gut, daß wir es uns leisten konnten, die mehrere Millionen Mark teuere Investition zu verschmerzen. Zwar betrachtete die Familie seines Bruders Hermann seine anthroposophischen Bildungsanstrengungen nicht ohne Skepsis. Doch standen ihre Bedenken dem Enthusiasmus, mit dem er sein Projekt betrieb, letztlich nicht im Wege.

Hanns Voith war zwar von der anthroposophischen Lehre tief durchdrungen, aber er war deshalb kein Missionar. Vermutlich hätte er sich gefreut, wenn ich der anthroposophischen Gesellschaft beigetreten wäre, doch vermied er es in all den Jahren, auch nur den geringsten Einfluß in dieser Richtung auf mich auszuüben. Um ihn in seinem Denken besser verstehen zu können und für den Fall, daß er von sich aus das Gespräch einmal auf dieses Thema gebracht hätte, hatte ich mich natürlich durch Lektüre mit den Schriften Rudolf Steiners intensiv vertraut gemacht. Doch der zündende Funke wollte dabei auf mich nicht überspringen. Der wohl einzige engere anthroposophische Freund, den Hanns Voith in der deutschen Wirtschaft hatte, war Peter von Siemens, später Vorsitzender des Aufsichtsrates des Hauses Siemens.

Mich verband mit dem letzten männlichen Namensträger der Familie Voith ein einmalig schönes Verhältnis. In den Jahren unserer Zusammenarbeit und in der Führung des Unternehmens gab es nie die geringste Unstimmigkeit. Da unsere Büros nebeneinander lagen, konnten wir uns gegenseitig schnell und auf direktem Wege über alles Wichtige informieren und absprechen. Dabei kümmerte er sich vor allem um soziale Fragen und die betriebliche Ausbildung, ich dagegen in erster Linie um die kaufmännische Seite. In diesem Bereich ließ er mir nahezu völlig freie Hand, so daß ich die Firma führen konnte, als wäre es meine eigene. Ein häufig wiederkehrender Ausspruch lautete: „Herr Rupf, das machen Sie ganz so, wie Sie sich das vorstellen, das verstehen Sie viel besser als ich." Zu meinem 60. Geburtstag schrieb er mir 1968: „Ich war immer dankbar, an Ihrer Seite zu wirken, was ich neidlos tun konnte." Für einen Inhaber eine ungewöhnlich noble Einstellung.

Wiederholt sprach mich Hanns Voith darauf an, ob er mir nicht einen Anteil am Unternehmen – er dachte an fünf Prozent – schenken könne. Ich bat ihn jedoch dringend, davon Abstand zu nehmen, weil sich damit automatisch meine Position gegenüber der Familie verändert hätte. Noch zu seinen Lebzeiten, erst recht jedoch nach seinem Tode, sah ich meine wichtigste Rolle darin, als unabhängiger Mittler zwischen den beiden Erbenstämmen zu stehen. Meine Erfahrung lehrte mich, daß es einfacher ist, unterschiedliche Standpunkte auszugleichen und Entscheidungen herbeizuführen, wenn man mit dem, was man tut, selbst keine materiellen Interessen verbindet, ja nicht einmal den Schein einer Interessenkollision erweckt.

Den Bestand eines Familienunternehmens dauerhaft zu sichern, ist sehr viel schwieriger als im Falle einer Kapitalgesellschaft. Eine AG zum Beispiel, zumal in breit gestreutem Publikumsbesitz, hat bei guter Geschäftsentwicklung kaum Schwierigkeiten, sich das nötige Kapital am Markt zu beschaffen. Eine gefährliche Klippe im Leben einer Familienfirma ist dagegen das in jeder Generation erneut auftretende Problem des geregelten Stabwechsels in der Führung. Sind überhaupt fähige Erben vorhanden, die die Geschäftsführung übernehmen können? Wem soll diese Rolle zufallen, wenn sich mehrere Kandidaten anbieten? Was aber, wenn keine oder keine qualifizierten Nachkommen zur Wahl stehen? Auch hier hat es eine Publikumsgesellschaft, in der für die Besetzung des Vorstandes durchweg genügend interne oder von außen engagierte Manager zur Verfügung stehen, durchweg leichter. Schließlich muß man die durch den Steuerfiskus ausgehenden Konsequenzen im Blick behalten.

Schon lange vor dem Tode Hanns Voiths und seiner 1964 gestorbenen Schwägerin Thea Voith, der Witwe Walther Voiths, hatte ich darauf hingewirkt, für den früher oder später eintretenden Erbfall steuerlich Vorsorge zu treffen. Die andernfalls unausweichlich auf die Familie zukommenden Konsequenzen bewogen denn auch beide schon in den fünfziger Jahren, Anteile im Wege der Schenkung unter Vorbehalt des Stimmrechts und des Nießbrauchs auf die nächste Generation zu übertragen. Die Aufbringung der hierfür zu zahlenden Schenkungssteuer machte uns keine großen Schwierigkeiten. Zum einen waren die Anteile an der Firma Voith zu diesem Zeitpunkt noch relativ niedrig bewertet. Zum anderen konnten wir von diesen Beträgen auch noch durch den Nießbrauchsvorbehalt die voraussichtlichen Jahresgewinne für die Zeit der durchschnittlichen Lebenserwartung abziehen. Hätte Thea Voith nicht schon frühzeitig

90 Prozent ihrer Anteile an ihre Nichten abgegeben, so wären nach ihrem Tode 50 bis 60 Millionen Mark an Erbschaftssteuern fällig geworden. Um die Erben in die Lage zu versetzen, diesen Betrag aufzubringen, hätte das Unternehmen eine Dividende von über hundert Millionen Mark ausschütten und einen körperschaftssteuerpflichtigen Gewinn von etwa 250 Millionen Mark erzielen müssen – bei einem Umsatz von damals rund 230 Millionen Mark eine mehr als kühne Vorstellung.

Nach dem Tode von Hanns Voith wären ohne vorherige Übertragungen dann noch einmal 40 bis 50 Millionen Mark Erbschaftssteuern zu zahlen gewesen. Es gehört nicht viel Phantasie dazu, sich auszumalen, daß die Familie diesen Kraftakt nur durch den Verkauf von Anteilen an einen außenstehenden neuen Partner oder durch einen Gang an die Börse vollbracht hätte. In beiden Fällen wäre Voith heute keine reine Familiengesellschaft mehr – womit wir viele unserer Stärken eingebüßt hätten.

Warf der Tod Hanns Voiths steuerlich also keine großen Probleme auf, so stellte sich jetzt die Frage der personellen Kontinuität dringlicher denn je. Von seinen sechs Töchtern kam keine für eine herausgehobene unternehmerische Rolle in Frage, auch unter den Nachkommen Hermann Voiths bot sich niemand für die Nachfolge an. Hinzu kam, daß ich als Vorsitzender der Geschäftsführung bereits 62 war und damit bis zu meiner Pensionierung nur noch drei Jahre im Amt war. Es galt also, der Gefahr eines personellen Vakuums an der Spitze des Unternehmens rechtzeitig vorzubeugen.

Dies war um so notwendiger, als wie erwähnt, beide Gesellschafterstämme je zur Hälfte beteiligt waren und im Falle von Meinungsverschiedenheiten eine unter Umständen nicht leicht zu meisternde Patt-Situation bestanden hätte. Solange Hanns Voith noch lebte, war dies kein Problem. Selbst in den Jahren, in denen er nicht mehr der

Geschäftsführung angehörte, wurden alle wichtigen Fragen mit ihm als der letzten Autorität der Firma besprochen und im Einvernehmen mit ihm entschieden. Niemand wäre es in den Sinn gekommen, nach der Mehrheit zu fragen. Jetzt war die Lage eine andere. Nach einem zwischen den Gesellschaftern geschlossenen Vertrag sollte ich bei Stimmengleichheit das letzte Wort haben. Natürlich konnte dies nur eine höchst unbefriedigende Notlösung und kein Dauerzustand sein. Zeitweilig wurde auch erwogen, die Geschäftsführung, der je ein Schwiegersohn aus den beiden Stämmen angehörte, mit Mehrheit entscheiden zu lassen. Aber auch diese Lösung stieß bei mir auf Bedenken, weil sie die Befugnisse der Gesellschafter mit denen der Geschäftsführer vermengte.

Wenn es nach Hanns Voith gegangen wäre, hätte er das Unternehmen in eine Stiftung eingebracht. Sein Vorbild war dabei Bosch. In Robert Bosch, dem 1861 in der Nähe von Ulm geborenen Feinmechaniker, der aus seiner kleinen Stuttgarter Elektrowerkstatt ein Weltunternehmen aufgebaut hatte, hatte er so etwas wie einen Wesensverwandten gesehen. Als einer der ersten deutschen Unternehmer hatte der aus bäuerlichen Verhältnissen stammende Schwabe schon 1906 den Achtstundentag eingeführt und den 1. Mai zum Feiertag erklärt. Im Laufe der Jahrzehnte entfaltete Robert Bosch, so sein Biograph Theodor Heuss, „ein schier unvergleichliches Mäzenatentum". Schon 1913 richtete er eine Lehrlingsabteilung mit eigener Lehrwerkstatt ein. Am stärksten interessierte Hanns Voith jedoch, wie Robert Bosch sein Haus bestellt hatte. Bereits 1921 hatte er Teile seines Besitzes an der Firma einer Verwaltungsgesellschaft übertragen, aus der dann 1964 die Robert Bosch Stiftung hervorging. Die gemeinnützige Stiftung widmet sich vor allem der Betreuung kranker Menschen und hat sich aus rechtlichen Gründen jeglicher unternehmenspolitischer Aktivitäten zu enthalten. Die Aufgabe, die Zukunft des Konzerns im Sinne des Gründers zu sichern, übernahm zunächst das siebenköpfige Testamentsvollstrecker-Gremium. Die in diesen Kreis berufenen Herren wurden später Gesellschafter der Firma Robert Bosch Industrietreuhand KG, die bis heute das eigentliche Lenkungsinstrument der Robert Bosch GmbH ist.

Im Jahre 1957 wurde ich gebeten, bei Bosch in den Kreis der Testamentsvollstrecker einzutreten. Hanns Voith, dem ich von diesem Angebot berichtete, riet mir dringend, die ehrenvolle Berufung anzunehmen. Mit seinem Zuspruch verband er natürlich auch die Hoffnung, aus erster Hand zu erfahren, wie sich das von ihm mit großem Interesse beobachtete Bosch-Modell in der Praxis bewähre. Als erstes ließ er sich von mir das Testament Robert Boschs geben, in dem dieser handschriftlich – um die Kosten für den Notar zu sparen – die Beweggründe für die künftige Unternehmensverfassung niedergelegt hatte.

Im Unterschied zum Firmengründer Bosch konnte Hanns Voith jedoch für seine Zukunftspläne nur die Hälfte der Kapitalanteile in die Waagschale werfen. Deshalb versuchte er, in Gesprächen mit dem Familienzweig Hermann Voith auch dessen Zustimmung zu erreichen. Allerdings gelang es ihm nicht, die hier bestehenden Vorbehalte gegen einen irreversiblen Verzicht auf die Verfügungsgewalt über die ererbten Geschäftsanteile zu überwinden. In seinem für die nächste Generation verfaßten Memorandum, einer Art Vermächtnis, in dem er seinen Nachkommen das Wohl der Firma als höchstes Ziel ans Herz legte, schrieb er denn auch mit einem leichten Unterton der Resignation: „Als der letzte männliche Abkömmling der dritten Generation habe ich nicht mehr die Vollmacht, Verfügungen für die Sicherstellung der Zukunft des Unternehmens Voith zu treffen in dem Maße, wie es Robert Bosch noch tun konnte. Ich kann nur der jungen vierten Generation

Richtlinien und Empfehlungen geben, die sie schon zu meinen Lebzeiten entgegennehmen möge."

Die Sorge, daß Meinungsunterschiede zwischen einzelnen Mitgliedern der Familie über die angemessene Beteiligung an der Unternehmenspolitik die Firma belasten könnten, veranlaßten mich, schon bald nach dem Tode Hanns Voiths, zunächst intern Gespräche über die künftige Verfassung des Hauses Voith aufzunehmen. Vor allem Überlegungen mit Frau Colette Schuler-Voith, der ältesten Tochter Hermann Voiths, führten zu dem Gedanken, ein überwiegend mit externen Repräsentanten zu besetzendes Gremium mit weitgehenden Entscheidungsbefugnissen zu schaffen. Auch bei den sechs Töchtern Hanns Voiths stellte ich gegenüber diesem Plan eine große Aufgeschlossenheit fest, zumal es, mangels eines geeigneten Nachfolgers aus der Familie, keine Alternative zu einer stärker auf externe Persönlichkeiten abgestellten Lösung gab. Ich beriet, nachdem ich aus beiden Familien grünes Licht erhalten hatte, unser angestrebtes Modell anschließend mit Peter von Siemens, den Hanns Voith in unseren Aufsichtsrat berufen hatte, und Hans Merkle, den Vorsitzenden der Geschäftsführung der Robert Bosch GmbH und seit 1965 Mitglied unseres Aufsichtsrates. Beide stimmten mit mir darin überein, daß angesichts der personellen Situation im Hause Voith eine weitgehende Trennung von Kapital und Management der beste Weg sei. Für die schwierigen Verhandlungen über die Rechtsstellung und Kompetenzen der einzelnen Gremien hatten beide Anteilseignergruppen juristische Berater aufgeboten: der Stamm Schuler-Voith den Hamburger Wirtschaftsanwalt Martin Luther, die Nachkommen Hanns Voiths dessen Düsseldorfer Kollegen Hans Hengeler. Als weiterer Sachverständiger wirkte der Frankfurter Anwalt und Wirtschaftsprüfer Reinhard Goerdeler, Vorstandsmitglied der Deutschen Treuhand-Gesellschaft, an der neuen Unternehmensverfassung mit.

Nach dreijährigen Gesprächen und Verhandlungen konnten wir im Mai 1976 das Vertragswerk endlich der Öffentlichkeit vorstellen. In einer Presseerklärung hieß es: „Nach reiflichen Überlegungen und sachverständiger juristischer Beratung haben die Gesellschafter der Voith-Gruppe eine neue gesellschaftsrechtliche Verfassung beschlossen, die dem Zweck dient, die Stabilität des Gesellschafterkreises und damit die Unabhängigkeit des im zweiten Jahrhundert bestehenden Familienunternehmens auch in der fünften Generation und möglichst darüber hinaus zu erhalten, sowie die Stetigkeit der Gesellschaftsführung zu gewährleisten." Um diese Ziele zu erreichen, verzichteten die Gesellschafter, soweit es sich um die Führung des Unternehmens handelt, weitgehend auf ihre Rechte. Die Bestimmung der Geschäftspolitik und die Überwachung der Unternehmensführung übertrugen sie dem neu ins Leben gerufenen „Gesellschafterausschuß". Er sollte in jeder Beziehung unabhängig und an keinerlei Weisungen gebunden sein. Die Gesellschafter übten von nun ab nur noch ihre unabdingbaren Rechte aus ihrem Kapitalbesitz aus: Kapitalerhöhungen, Änderung des Gesellschaftsvertrages und der Rechtsform der Gesellschaft, Entlastung der Geschäftsführung und des Gesellschafterausschusses, Bestellung des Abschlußprüfers auf Vorschlag des Gesellschafterausschusses und der Beschluß über die Verwendung des Bilanzgewinns.

Lange Zeit war strittig gewesen, wie die Vertreter der Familie zahlenmäßig im neuen Gesellschafterausschuß vertreten sein sollten. Am Ende kamen alle Beteiligten überein, das Gremium auf sieben Mitglieder zu begrenzen, von denen fünf familienfremde Persönlichkeiten, vorzugsweise mit Erfahrungen in der Führung von Industrieunternehmen, sein sollten. Die beiden übrigen Sitze sollten auf je einen Repräsentanten der beiden Familienstämme entfallen. Im ersten Gesellschafterausschuß vertrat den

Stamm Hermann Voith dessen älteste Tochter Colette Schuler-Voith, die Nachkommen Hanns Voiths verständigten sich auf dessen älteste Tochter Martina Mann-Voith. Zum Vorsitzenden wurde Hans Merkle gewählt, als weitere Externe Peter von Siemens, Vorsitzender des Aufsichtsrates der Siemens AG, Egon Overbeck, Vorsitzender des Vorstandes der Mannesmann AG, sein Thyssen-Kollege Dieter Spethmann und ich berufen. Die starke Stellung des Gremiums ergab sich allein aus der ihm übertragenen Aufgabe, die Geschäftsführung zu bestellen, deren Investitions- und Finanzplanung zu genehmigen, den Jahresabschluß festzustellen und bei Stimmengleichheit in der Gesellschafterversammlung das Zünglein an der Waage zu spielen. Können Mitglieder eines Aufsichtsrates jederzeit von den Gesellschaftern ausgetauscht werden, ist der Gesellschafterausschuß vor dem Zugriff der Familie durch einen anderen Wahlmodus sicher. Über die Neubesetzung einer vakant gewordenen Position bestimmen nämlich nicht die Gesellschafter, sondern im Wege der Kooptation die verbliebenen Mitglieder.

In unserer Presseinformation hieß es abschließend: „Mit dieser Konstruktion, die gesellschaftsrechtliches Neuland betritt, wird eine neue Epoche in der Geschichte des Hauses Voith eingeleitet. Möge dieses Modell in langer Dauer sich bewähren, im Sinne und Geiste der wirtschaftlichen und sozialen Zielsetzung der früheren Generationen." In der Tat sollte sich das Voith-Modell, das in seiner Art keiner Verfassung eines anderen deutschen Unternehmens entsprach, bestens bewähren. Bei den drei bis vier jährlichen Sitzungen des Gesellschafterausschusses wurden ein Jahrzehnt lang nur einstimmige Beschlüsse gefaßt. Von keiner der beiden Gesellschafterinnen hörte ich in dieser Zeit auch nur die leiseste Klage, von den familienfremden Mitgliedern irgendwann einmal „überfahren" worden zu sein. Leider war diese Harmonie nicht von Dauer – aus

Gründen allerdings, die mit den vom Gesellschafterausschuß zu entscheidenden Sachfragen wenig zu tun hatten.

12. Im Dienste des deutschen Maschinenbaus

Präsident des VDMA von 1971 bis 1974

Am l0. Mai 1971 wurde ich auf der Frankfurter Mitgliederversammlung zum Präsidenten des Verbandes Deutscher
Maschinen- und Anlagenbau (VDMA) gewählt. Schon drei
Jahre zuvor, bei meiner Wahl zum Vizepräsidenten, hatte
ich meine Zusage gegeben, für die Nachfolge von Heinz zur
Nieden (Anker-Werke, Bielefeld) zu kandidieren. Ich hatte
also genügend Zeit gehabt, mich innerlich auf diese Aufgabe einzustellen. Was ich, als ich mein Ja-Wort gegeben
hatte, jedoch nicht voraussehen konnte, waren die politischen und gesamtwirtschaftlichen Verhältnisse, unter
denen ich dieses Amt übernahm. Eine von der neuen
sozialliberalen Bundesregierung betriebene überzogene
Ausgabenpolitik, anhaltende Währungsturbulenzen und
aus dem Ruder laufende Lohnabschlüsse machten einer
traditionell exportorientierten Branche wie dem deutschen Maschinenbau besonders zu schaffen.

Der Drang nach dem Präsidentenamt im VDMA war
nach meinem Eindruck nie sonderlich groß. Die meisten
führenden Männer dieses Wirtschaftszweiges entstamm-
ten mittelständischen Unternehmen und waren kaum imstande, einer intensiveren Verbandsarbeit die erforderliche Zeit zu opfern. Großkonzerne, die für eine solche
Funktion auch mal für eine Zeitlang ein Vorstandsmitglied

abstellen können, haben es da leichter. Dennoch war mir immer klar, daß sich ein Haus von der Bedeutung Voiths der Mitarbeit im VDMA auch an hervorgehobener Position nicht verweigern könne. Daß mir bei uns diese Rolle zu-zuwuchs, hatte einleuchtende Gründe. Hanns Voith, der als Gesellschafter und Vorsitzender der Geschäftsführung diese Aufgabe ohne weiteres hätte übernehmen können, war in seiner stillen, zurückhaltenden Art nicht der Mann, den es in die Öffentlichkeit drängte. Zum anderen kannte ich aus meiner Berliner Zeit viele der handelnden Akteure, die nach der Auflösung der Wirtschaftsgruppe Maschinen-bau durch die Alliierten schon bald an einen Neuaufbau der alten Verbandsstrukturen herangingen. Und so ergab es sich fast von selbst, daß mich Hanns Voith bat, im Rah-men meiner Möglichkeiten unser Haus im VDMA zu ver-treten.

Als erste hatte sich schon im September 1945 eine „Wirtschaftsvereinigung Maschinenbau" der Nord-Rhein-provinz und der Provinz Westfalen-Lippe konstituiert. Anfang 1946 wurde in München der „Verein Bayerischer Maschinenbau-Anstalten" gegründet. Im Mai desselben Jahres gab es mit der „Vereinigung der Maschinenbau-anstalten von Württemberg-Baden" auch bei uns wieder einen Verband. Auf Weisung der Militärregierungen waren die neu ins Leben gerufenen Organisationen nicht wie die liquidierte Wirtschaftsgruppe Zwangsvereinigungen mit weitgehenden Kontroll- und Weisungsrechten gegenüber ihren Mitgliedern. Vielmehr waren sie nur freiwillige Zusammenschlüsse, die nicht befugt waren, sich in die Geschäftspolitik ihrer Mitgliedsfirmen einzumischen.

Die Diskussion über die geeigneten Männer für die Führungspositionen der neugegründeten Verbände verlief teilweise äußerst provinziell. So wurde allen Ernstes darü-ber gestritten, wie die regionalen Interessen von Badenern und Württembergern personalpolitisch am besten abgesichert werden könnten. Den Stein der Weisen glaubte der Sprecher der Badener, Hubert A. Sternberg, gefunden zu haben. Er war zur damaligen Zeit der große Mann der Schnellpressenfabrik Heidelberg. Sein Vorschlag lautete, den Vorsitz im jährlichen Turnus zwischen einem Badener und einem Württemberger wechseln zu lassen. Sollten die Württemberger dieses Modell ablehnen, müßten sich die Badener vorbehalten, ihren eigenen Verband zu gründen. Ein solches beschämendes Hickhack spielte sich zwischen angeblich weltoffenen Maschinenbauern ab.

Ähnliche Eifersüchteleien traten im Dezember 1947 in Ettlingen zutage, wo die Regionalverbände aus der britischen und amerikanischen Zone die Bildung einer Arbeitsgemeinschaft beschlossen. Die Sitzung fand im „Erbprinzen" statt, der damals noch kein Feinschmeckerlokal, sondern ein bescheidener Gasthof war. Sprecher für die amerikanische Zone war der Münchener Ackerpflughersteller Everhard Bungartz, der sich als FDP-Abgeordneter im bayerischen Landtag auch politisch engagiert hatte. Für die Unternehmen der britischen Zone sprach Gustav Möllenberg, Chef der Bochumer Firma Westfalia Dinnendahl Gröppel AG, die später von Klöckner-Humboldt-Deutz übernommen wurde. Die im Mittelpunkt stehende Frage war, wer in der Arbeitsgemeinschaft den Vorsitz und wer die Geschäftsführung übernehmen solle. Wenn ich mich richtig erinnere, sagte Bungartz wörtlich: „Wenn Ihr Engländer" – gemeint waren die Kollegen aus der britischen Zone – „den Hauptgeschäftsführer stellt, dann verlangen wir Amerikaner den ersten Vorsitzenden." Und dieser Vorsitzende wurde dann Alfred Mößner, Vorstand der Eisenwerke Friedrich Wilhelm Düker AG, später sein Vertreter Gustav Möllenberg. Das Amt des Hauptgeschäftsführers übernahm Herbert Stelter, der diese Funktion bereits im Verband der britischen Zone ausübte.

Bis zur Wiedergründung des VDMA in gesamtstaatlichem Rahmen sollten jedoch noch einmal fast zwei Jahre ins Land gehen. Am 4. September 1949, drei Wochen nach der ersten Bundestagswahl, kamen im „Haus der Länder" in Königstein im Taunus Maschinenbauer aus allen Teilen der neuen Bundesrepublik zur Gründungssitzung zusammen. Dies waren aus dem Süden Männer wie Otto Fahr von Werner & Pfleiderer in Stuttgart, Gerhard Schaudt von der Schaudt Maschinenbau GmbH in Stuttgart, Robert Pirker von ZF Friedrichshafen und Max Knorr von der Fortunawerke Spezialmaschinenfabrik in Stuttgart. Aus dem Westen waren es unter anderem Hans Reuter von der Demag in Duisburg, Heinrich Jakopp von Klöckner-Humboldt-Deutz in Köln, Walter Reiners von W. Schlafhorst in Mönchengladbach und Gustav Möllenberg, der der erste Präsident wurde.

Möllenberg übte sein Amt ein ganzes Jahrzehnt aus. Er war ein gut aussehender Mann mit wallenden weißen Haaren und einem Schnurrbärtchen und erwies sich als der geborene Präsident. Nach seinem Rücktritt im Jahre 1959 fand sich zunächst niemand, der seine Nachfolge antreten wollte. Nach der langen Amtszeit Möllenbergs war die Angst aller in Frage kommenden Männer verständlicherweise groß, die zeitraubende Verbandsführung, hatte man sie sich erst einmal aufhalsen lassen, so schnell nicht wieder loszuwerden. In einem Gespräch führender deutscher Maschinenfabrikanten, zu dem ich nach Heidenheim eingeladen hatte, wurde ein Wahlmodus gefunden, der geeigneten Persönlichkeiten den Entschluß zu einer Kandidatur erleichtern sollte. Man war sich relativ schnell einig, daß es wohl das Beste sei, wenn ein Präsident jeweils nur einmal für eine dreijährige Amtsperiode gewählt würde. So könne jeder Kandidat sicher sein, die Bürde nach dieser Zeit wieder abgeben zu können, ohne dafür krampfhaft nach überzeugenden Gründen suchen zu müssen. Diese Praxis hat sich bis heute bestens bewährt. Bei unserer damaligen Zusammenkunft im „Eisenhof" kam auch der Gedanke auf, bei der Wahl eines Präsidenten schon dessen Nachfolger zu bestimmen und diesen bis zum „Stabwechsel" als Vizepräsidenten praktische Erfahrungen in der Verbandsführung sammeln zu lassen. Auch diese Übung erwies sich als äußerst vorteilhaft, weil sie einen nahtlosen Amtswechsel garantiert.

So kam es, daß als Möllenberg-Nachfolger 1959 Max Knorr und als dessen Vize und designierter Nachfolger Bernhard Weiss von der Siegener Maschinenfabrik (SIEMAG) gewählt wurde. Beide ergänzten sich hervorragend. Knorr sah seine Aufgabe vor allem in der verbandsinternen Führung. Dagegen hatte er nur wenig Neigung, die mit seinem Amt zwangsläufig verbundenen repräsentativen und öffentlichen Verpflichtungen zu übernehmen. Gegen die Zusage, von der Verbandsarbeit durch Knorr weitgehend entlastet zu werden, erklärte sich Weiss bereit, die Rolle des „Außenministers" zu spielen.

Für die notwendige Kontinuität in der Verbandsführung sorgte im VDMA wie in fast allen anderen Industrieverbänden der qualifizierte hauptamtliche Apparat mit dem Hauptgeschäftsführer an der Spitze. Wir haben das große Glück gehabt, für diese Position Männer zu finden, die es in ihrer teilweise langen Amtszeit sowohl im Organisations-Management als auch in der Vertretung wirtschaftspolitischer Standpunkte in der Öffentlichkeit zu großer Meisterschaft brachten. Unter ihnen war Karl Lange sicherlich die herausragende Figur. Mehr als drei Jahrzehnte lang bestimmte er die Geschicke des deutschen Maschinenbaus maßgeblich mit. Er war ein Mann mit ausgeprägten Führungseigenschaften und einem ungeheuren Durchsetzungsvermögen.

Seine Funktion als „Bevollmächtigter des Maschinenbaus" während des Krieges ließ ihn jedoch nach 1945 bei den Alliierten als politisch belastet erscheinen. Lange war aber trotz seiner Zugehörigkeit zur Partei nie ein fanatischer Nazi, sondern ein nüchterner, pragmatischer Fachmann, der primär die Interessen der Branche im Auge hatte. In klarer Voraussicht der unvermeidlichen militärischen Katastrophe brachte er rechtzeitig vor der Eroberung Berlins durch die Russen Unterlagen und Aufzeichnungen der „Wirtschaftsgruppe Maschinenbau" nach Niedersachsen. Nach Abschluß seines Entnazifizierungsverfahrens wurde er 1949 im wiedergegründeten VDMA erneut zum Hauptgeschäftsführer bestellt – ein Amt, das er bis zu seinem Tode 1955 ausübte.

Ich war in jener denkwürdigen Königsteiner Versammlung in den etwa 60 Mitglieder starken „Hauptvorstand" und vier Jahre später in den „engeren Vorstand", der aus zwölf Personen bestand, gewählt worden. Außerdem hatte ich, wie an anderer Stelle bereits erwähnt, von 1949 bis 1958 den Außenhandelsausschuß des Verbandes geleitet. So war ich mit der Organisation bestens vertraut, als ich mich 1968 dazu überreden ließ, für die drei Jahre später anstehende Nachfolge Heinz zur Niedens zu kandidieren. In einer improvisierten Rede während einer Stimmenauszählung sagte ich: „Ich habe mich um dieses Amt nicht beworben, aber ich habe schließlich unserem Freund und Kollegen Walter Reiners auf sein Drängen nachgegeben, weil ich damals eine schwache Stunde hatte. Ich bereue, muß ich offen gestehen, ein wenig diese damals gegebene Zusage, aber ich bin im Wort, und Sie können mich als Präsidenten haben, wenn Sie wollen." Ich hatte allerdings zur Bedingung gemacht, daß der damalige Hauptgeschäftsführer Rolf Audouard, der zum Zeitpunkt meines Amtsbeginns bereits das Pensionsalter von 65 Jahren erreicht hatte, noch bis zum Ende meiner dreijährigen Präsidentschaft auf seinem Posten bleiben müsse. Er war früher einmal als Vertreter deutscher Maschinenbaufirmen in China tätig gewesen und später ein enger Vertrauter von Karl

Lange. Ich hatte ihn als besonders befähigten Mitarbeiter in meiner Funktion als Vorsitzender des VDMA-Außenhandelsausschusses schätzengelernt. Aus unserer Zusammenarbeit hatte sich eine sehr freundschaftliche Verbindung ergeben.

Der Beginn meiner Präsidentschaft fiel in eine wirtschaftlich schwierige Zeit. Nur wenige Tage vor meiner Wahl, am 8. Mai, hatte Bonn zur Abwehr der ungebremsten, inflationär wirkenden Devisenzuflüsse aus dem Ausland den DM-Wechselkurs freigegeben. Das berühmte „Floating" begann. Die Bundesbank, die bis dahin verpflichtet gewesen war, jede angebotene Menge Dollar zum Kurs von 3,63 Mark zu kaufen und jede geforderte Menge Dollar zum Kurs von 3,69 Mark abzugeben, war von dieser Verpflichtung ab sofort befreit. Dieser Schritt bedeutete vor allem für den traditionell auf das internationale Geschäft ausgerichteten Maschinenbau eine neuerliche schwere Belastung, nachdem die Mark schon im Oktober um 8,5 Prozent aufgewertet worden war. Wohin würde der frei schwankende Kurs jetzt treiben? Wann und wo würde er sich – wenn überhaupt – auf einem halbwegs stabilen und damit verläßlichen Niveau einpendeln? Fragen über Fragen, auf die in Frankfurt niemand eine Antwort wußte.

Die Regisseure der Mitgliederversammlung hatten, wie sich zeigte, eine gute Hand bewiesen, als sie zur traditionellen öffentlichen Kundgebung des Maschinenbaus Bundesbank-Präsident Klasen als Gastredner eingeladen hatten. Unter großer Aufmerksamkeit der Medien konnte er sich erstmalig offiziell zur Freigabe des D-Mark-Wechselkurses äußern. Das Geldvolumen, so erklärte er, liege 22 Prozent über dem des Vorjahres und sei damit weitaus größer, als dies im Interesse eines längerfristigen inflationsfreien Wachstums zu verantworten sei. Gleichzeitig mahnte Klasen jedoch, den Blick nicht nur auf die Milliarden-Dollarzuflüsse, sondern auf die hausgemachten Ursachen der Konjunkturüberhitzung zu richten. Binnen eines Jahres sei das Tariflohn- und Gehaltsniveau der deutschen Industrie um 15 Prozent gestiegen. Der Bundesbank-Präsident verschwieg auch nicht seine anfänglichen Bedenken gegen ein Floaten der Mark. „Wir haben im Augenblick kein internationales Ungleichgewicht hinsichtlich der Bewertung unserer Währung. Unsere Wettbewerbslage gegenüber USA, Frankreich, Italien usw. erfordert keine Währungsänderung. Die Lage gegenüber Japan ist ebenfalls nicht so, daß wir eine Aufwertung nötig hätten. Deshalb befürchte ich, daß eine echte Aufwertung leicht zu einer echten Rezession und zu einer Gefährdung der Arbeitsplätze führen könnte. Wenn eine Aufwertung an sich nicht richtig ist, so wird sie auch nicht richtig, wenn man sie durch ein ‚Floating‘ langsam herbeiführt.“

Die gesetzlich auf die Erhaltung einer stabilen Mark verpflichtete Bundesbank war zweifellos in einer äußerst prekären Lage. In normalen Zeiten hätte sie mit Hilfe der Mindestreserve- und Diskontpolitik das Geldvolumen der Wirtschaft wahrscheinlich mühelos unter Kontrolle halten können. Doch wurde sie von einer wahren Springflut von Auslandsgeld geradezu überrollt. Anstelle der Frankfurter Währungshüter bestimmten vagabundierende Dollarmilliarden die Geldversorgung. Betrugen die Netto-Währungsreserven Anfang 1970 erst 26 Milliarden Mark, so waren es Ende Mai 1971 fast dreimal soviel. Obwohl der VDMA vor dem Dilemma, in dem die Bundesbank und ihr Präsident steckten, keineswegs die Augen verschloß, schien es mir als ein Gebot der Stunde, in meiner „Jungfernrede“ im Beisein Klasens auf die verheerenden Folgen der Währungsturbulenzen für uns Maschinenbauer hinzuweisen: „Die deutsche Maschinenindustrie hat einen jährlichen Export von rund 25 Milliarden Mark. Wir haben etwa 250 Arbeitstage, das heißt, im Durchschnitt müssen an jedem Arbeitstag für hundert Millionen Mark Exportaufträge abgeschlossen werden, auch in dieser kritischen, unsicheren Zeit, ohne zu wissen, wohin der Kurs der D-Mark im Verhältnis zu den anderen Währungen gesteuert wird. Ein Floating des Wechselkurses der D-Mark kann kein Ersatz für dringend notwendige binnenwirtschaftliche Dämpfungsmaßnahmen sein. Es ist schon wiederholt gesagt worden, daß unsere Inflation ‚hausgemacht‘ ist und daß eine Fortsetzung der Lohnkostenexplosion alle Bemühungen um stabile Preise zunichte machen muß und zwangsläufig zu einer ernsten Gefährdung der Arbeitsplätze führen muß. Wir sollten etwas von den Entwicklungen in England und Amerika lernen. Warum erinnert sich unsere Bundesregierung so spät an das Stabilitätsgesetz?" Auf diese Zusammenhänge öffentlich hinzuweisen erschien mir deshalb wichtig, weil die Politiker die deutsche Exportindustrie und vor allem den Maschinenbau im internationalen Wettbewerb für unverwundbar zu halten schienen. Die nüchternen Zahlen vermittelten jedoch längst ein anderes Bild. Während von 1960 bis 1970 die deutschen Maschinenexporte „nur" um 287 Prozent zugenommen hatten, war die Einfuhr mit 405 Prozent deutlich stärker gestiegen. Bereits jede vierte in der Bundesrepublik aufgestellte Maschine kam Anfang der siebziger Jahre aus dem Ausland.

Die großen Gewinner waren vor allem die Japaner. Allein zwischen 1963 und 1969 hatten sie ihre Maschinenproduktion verdreifacht und die Bundesrepublik 1968 erstmals übertroffen. „Mit einem verstärkten japanischen Wettbewerb auf dem Weltmarkt müssen wir daher rechnen. Die Steigerungsraten der japanischen Maschinenausfuhren lagen in den letzten drei Jahren mehr als doppelt so hoch als diejenigen der deutschen", sagte ich in meiner Rede unmittelbar nach der Wahl zum VDMA-Präsidenten.

Einen weiteren Schock lösten die protektionistischen Teile des Wirtschaftsprogramms aus, das US-Präsident

Richard Nixon am 15. August 1971 verkündete. Es bedeutete einen tiefen Eingriff in das internationale Währungssystem, suspendierte es doch die seit der Konferenz von Bretton Woods im Jahre 1944 bestehende Konvertibilität des Dollar in Gold. Besonders hart traf uns die Verhängung einer zehnprozentigen Importabgabe auf alle zollpflichtigen Waren, mit deren Hilfe der Präsident die aus der Balance geratene amerikanische Handelsbilanz ins Gleichgewicht zurückzubringen hoffte. Zusätzlich wurde eine zehnprozentige Investitionsprämie eingeführt. Sie wurde jedoch solchen Investoren verwehrt, die importierte Maschinen verwendeten. Bei der Eröffnung der Düsseldorfer Kunststoffmesse wies ich am 16. September darauf hin, daß Nixons Einfuhrsteuer, dazu die Aufwertung vom Oktober 1969 und der durch das Floating zusätzlich entstandene Aufwertungseffekt für deutsche Investitionsgüter auf dem amerikanischen Markt zu Preissteigerungen von rund 50 Prozent geführt hätten. Wörtlich sagte ich: „Die amerikanischen Maßnahmen sind ein Rückfall in protektionistische Methoden, deren Schädlichkeit sehr viel evidenter ist als der damit angestrebte Vorteil für die amerikanische Industrie. So sehr wir und auch alle wünschen müssen, daß die USA-Wirtschaft wieder gesund und das Devisen-Defizit auf ein vertretbares Maß zurückgeführt wird, so scheint es mir doch höchst zweifelhaft, ob das Rezept, das der amerikanische Präsident der USA-Wirtschaft und der übrigen Welt verordnet hat, den richtigen Weg weist, des Übels Kern zu beseitigen, nämlich die für die Krise ausschlaggebende Inflationsmentalität zu überwinden. Was die USA und was wir alle wirklich brauchen, wäre ein Beispiel für den ernsthaften Willen, nicht mehr über die Verhältnisse zu leben, sondern das güterwirtschaftliche Gleichgewicht durch eine Anpassung der Ansprüche an das reale Leistungsvermögen wieder herzustellen."

Der VDMA schickte nach Bekanntwerden der Import-
beschränkungen den Leiter seiner Außenhandelsabteilung
und späteren Hauptgeschäftsführer Justus Fürstenau nach
Washington, um mit Unterstützung des lokalen BDI-Büros
in Gesprächen mit Kongreßabgeordneten auf die Folgen
eines so schwerwiegenden Verstoßes gegen den Geist eines
freien Welthandels hinzuweisen. Auch von anderer Seite
hagelte es Proteste. Entscheidend für den Entschluß, die
Sondersteuer wieder abzuschaffen, war jedoch die kurz
vor Weihnachten 1971 unter dem Namen „Smithsonian
Agreement" in die Währungsgeschichte eingegangene
Übereinkunft über die Neubewertung der Wechselkurse
der führenden Industrieländer. Die dabei vereinbarte Abwertung des Dollar bei einer gleichzeitigen Aufwertung
von D-Mark und Yen machte die Einfuhrabgabe überflüssig.

Nachdem an der Währungsfront vorübergehend wieder
Ruhe eingekehrt war, rückte der Kampf an der heimischen
Stabilitätsfront wieder stärker in den Mittelpunkt des allgemeinen Interesses. Schon im Mai hatte der Rat der fünf
Weisen nicht ohne Grund darauf hingewiesen, daß die
Tarifautonomie nicht berührt werde, „wenn die Regierung
in eindringlichen Aufklärungsbemühungen der Bevölkerung klarzumachen versucht, daß eine Zäsur in der Lohn-
politik notwendig ist". Ganz im Sinne dieses Sachverstän-
digenurteils richtete ich im Vorfeld der neuen Lohnrunde
noch einmal einen schriftlichen Appell an Bundeswirtschaftsminister Karl Schiller:

„Wir können von Ihnen selbstverständlich nicht erwarten, den Ausgang der Tarifgespräche unmittelbar beein-
flussen zu wollen. Vom Maschinenbau aus gesehen schiene
es uns jedoch angebracht, wenn die Öffentlichkeit auch
seitens Ihres Hauses oder besser noch von Ihnen persönlich darauf hingewiesen würde, daß bei weiter zunehmendem Kostendruck und anhaltendem Floating beziehungs-

weise zu hoch angesetzter DM-Parität die Arbeitsplätze im Maschinenbau der Bundesrepublik nicht mehr gesichert sind. Wir hoffen jedenfalls, sehr verehrter Herr Bundesminister, daß Sie bereit sind anzuerkennen, in welche schwere Bedrängnis der Maschinenbau als größte deutsche Exportindustrie durch die währungspolitischen Ereignisse geraten ist und wie sehr es in der gegenwärtigen Situation zur Erhaltung der Arbeitsplätze darauf ankommt, die Belastungsfähigkeit unserer Industrie nicht noch weiter zu überziehen."

Trotz mahnender Worte der Wirtschaft hielt sich die SPD-geführte Bundesregierung gegenüber den Tarifpartnern auffällig stark zurück. In einer durch ungebremste Devisenzuflüsse künstlich angeheizten Konjunktur mit einer Inflationsrate von mittlerweile sieben Prozent (1973) waren maßvolle Lohnabschlüsse wohl kaum noch zu erwarten. Im selben Jahr stiegen die Bruttoverdienste der Industriearbeiter im Durchschnitt um 10,5 Prozent. Anfang März brach plötzlich eine neue Spekulationswelle gegen den Dollar aus. An nur einem Tag mußte die Bundesbank 2,7 Milliarden Dollar gegen Notenbankgeld hereinnehmen. In einer Art Notwehr stellte sie daraufhin den Ankauf der amerikanischen Währung zu fester Parität ein. Nach fieberhaften Beratungen beschlossen die wichtigsten europäischen Industrieländer schließlich, ihre Währungen gemeinsam gegen den Dollar floaten zu lassen. Dieses sogenannte „Block-Floaten" stoppte endlich die spekulativen Geldzuflüsse und eröffnete dem im Frühjahr 1973 von der Bundesregierung beschlossenen Stabilitätsprogramm reelle Erfolgschancen. Doch zu diesem Zeitpunkt konnte noch niemand ahnen, daß schon wenige Monate später der erste Ölpreisschock allzu großen Optimisten einen dicken Strich durch die Rechnung machen würde. Die rapide angestiegenen Energiepreise entfachten die Inflation von neuem. Mit Lohnerhöhungen von 12,5 Prozent markierte im Februar 1974 die ÖTV die Orientierungslinie für die weitere Lohnrunde.

Meine Amtszeit als VDMA-Präsident fiel in eine der heißesten Phasen unserer gesamtwirtschaftlichen Entwicklung. Was aus der Rezession 1966/67 nach Karl Schiller als „Aufschwung nach Maß", als inflationsfreies Wachstum geplant und mit den Instrumenten der sogenannten „Globalsteuerung" unter Kontrolle gehalten werden sollte, endete schließlich in einer lähmenden Stagflation. Die Wachstums- und beschäftigungsfeindliche Fehlsteuerung der Wirtschaft in den siebziger Jahren hat in der Bundesrepublik zu einer Investitionslücke in der Größenordnung von hundert Milliarden Mark geführt. Der davon in besonderem Maße betroffene Maschinen- und Anlagenbau mußte zusätzlich mit den Schwierigkeiten fertig werden, die sich aus dem Zusammenbruch des Systems fester Wechselkurse ergaben. Speziell für langfristige Exportgeschäfte galt es jetzt, als Folge der flexiblen Währungsparitäten schwer kalkulierbare Risiken einzugehen.

Es herrschte somit alles andere als eine optimistische Grundstimmung, als ich in der Münchener Mitgliederversammlung im Frühjahr 1974 mein Amt programmgemäß an Kurt Werner, Vorsitzender der Geschäftsführung der Maschinenfabrik Goebel GmbH in Darmstadt, abgab. Ich gestehe gern, daß ich froh war, mich wieder uneingeschränkt den Aufgaben im Hause Voith widmen zu können. Nicht daß ich die Sprecherrolle des deutschen Maschinenbaus an sich als Belastung empfunden hätte. Doch die wirtschaftlichen Turbulenzen, von denen meine Präsidentschaft begleitet war, forderten sowohl im Unternehmen als auch im Verband besonderes Engagement. Dabei hatte ich das Glück, mich im VDMA auf eine Geschäftsführung stützen zu können, die alle unsere Initiativen sorgfältig vorbereitete, das heißt vor allem auch unter den im „Engeren Vorstand" vertretenen 36 Fachgemeinschaften bis ins letzte Detail abstimmte. Dies war nicht immer einfach. Denn trotz vieler gemeinsamer Interessen gab es in einer so verzweigten Branche seit jeher Bestrebungen einzelner Bereiche nach einer gewissen Eigenständigkeit. Als der Verband 1966 sein neues Gebäude in der Frankfurter Bürostadt Niederrad bezog, weigerte sich die Gruppe Werkzeugmaschinen, dem Beispiel der übrigen verstreut untergebrachten Fachgemeinschaften zu folgen und ihr Domizil unter dem Dach des VDMA aufzuschlagen. Auf diese Weise demonstrierte dieser bedeutende Zweig des deutschen Maschinenbaus, daß er sich nicht automatisch allen Positionen des Gesamtverbandes anzuschließen gedachte. Besondere, in der Langfristigkeit ihres Geschäfts begründete Sonderinteressen veranlaßten 1969 rund 40 Unternehmen aus den unterschiedlichsten Fachgemeinschaften, sich unter dem Vorsitz von Bernhard Weiss zu einer „Arbeitsgemeinschaft Großanlagenbau" zusammenzuschließen. Dieser Kreis, zu dem auch Voith gehörte, bemühte sich vor allem um wettbewerbsfähige Finanzierungsbedingungen bei Exportaufträgen.

Aus meinen Erfahrungen als VDMA-Präsident und damit gleichzeitig auch als Vizepräsident des Bundesverbandes der Deutschen Industrie (BDI) hatte ich den Eindruck gewonnen, als sei der Bundesregierung nicht eben viel an einem engen Dialog mit der Wirtschaft gelegen gewesen. Der aus der unmittelbaren Umgebung Willy Brandts stammende vielzitierte Ausspruch, es gelte, die „Belastbarkeit der Wirtschaft zu testen", zeugte von einem eher unterkühlten Verhältnis.

Der politische Einfluß der Industrie in unserem Lande ist nach meiner festen Überzeugung in der Öffentlichkeit stets bei weitem überschätzt worden. Es wäre schön, wenn sich die Politiker den wohlbegründeten Warnungen erfahrener Unternehmer vor Fehlentwicklungen der deutschen Wirtschaft, vor allem durch ausufernde Kosten- und Steuerbelastungen, aufgeschlossener zeigten. Doch scheint sich ihr Interesse statt auf die Entstehung des Bruttosozialprodukts mehr auf dessen Verteilung zu konzentrieren. Zu dieser getrübten Optik trägt zweifellos bei, daß kaum noch erfahrene Wirtschaftspraktiker unmittelbar in der Politik mitreden. Wer erinnert sich an Männer wie Günter Henle, Klöckner-Chef und einer der führenden Montanindustriellen der Nachkriegszeit, an Robert Pferdmenges vom Kölner Privatbankhaus Oppenheim und engster Vertrauter Konrad Adenauers, an Hans Wellhausen aus dem Vorstand der MAN, die nach der Gründung der Bundesrepublik allesamt dem Bundestag angehörten. Wem sagt der Name Richard Freudenberg noch etwas: Er brachte sogar das Kunststück fertig, dank seiner großen Popularität als bekanntester Unternehmer seiner Vaterstadt Weinheim als parteiunabhängiger Kandidat das Bundestagsmandat direkt zu erobern.

Zudem hat es der deutsche Maschinenbau besonders schwer, sich im Konzert teilweise dissonanter Gruppenforderungen politisches Gehör zu verschaffen. Das liegt vor allem an seiner Struktur. Von einigen Konzernen abgesehen, wird sie im wesentlichen von mittelständischen Unternehmen geprägt. Dagegen werden die meisten der anderen großen Mitgliedsverbände des BDI stark von Großunternehmen dominiert, beispielsweise der Verband der Chemischen Industrie von den drei großen Chemiekonzernen, der Verband der Automobilindustrie von Daimler-Benz und Volkswagen oder die Wirtschaftsgemeinschaft Eisen- und Stahlindustrie traditionell von Thyssen. Zwischen Klein- und Mittelbetrieben auf der einen und den Großkonzernen auf der anderen Seite gehen jedoch die Interessen vielfach weit auseinander, am stärksten wohl in der Wettbewerbspolitik.

Industrieverbände sind notwendige Institutionen, ohne deren Sachverstand in unserer komplizierten Welt Gesetzgeber und Regierungen nicht mehr auskommen. Unserem Staatswesens insgesamt würde es jedoch zugute kommen, wenn der Informations- und Erfahrungsaustausch nicht nur auf der Expertenebene, sondern wieder stärker auch auf höchster politischer Ebene funktionierte. Wir brauchen in unserem Land nicht das japanische Modell eines homogenen Kartells von Staat und Wirtschaft. Aber im weltweiten Wettbewerb um Märkte und technologische Führerschaft werden wir kaum ohne einen Zielakkord zwischen Regierung und Industrie mithalten können.

13. Über das Geschäftliche hinaus

Begegnungen und Freundschaften

Im Verlauf meines beruflichen Lebens war es mir vergönnt, über meine Arbeit im Hause Voith hinaus in anderen Funktionen tätig sein zu dürfen. Hierbei denke ich vor allem an meine Mitarbeit im VDMA und BDI, aber ebenso in Aufsichts- und Beiräten kleinerer und großer Unternehmen. Von den dabei gewonnenen Erfahrungen habe ich nicht nur für meine Firma, sondern auch für mich ganz persönlich in hohem Maße profitiert. Diese Aufgaben brachten mich vor allem jedoch in Kontakt mit Menschen, mit denen mich in vielen Fällen eine lebenslange Freundschaft verband. Dies gilt im besonderen auch für langjährige Kunden, zu denen sich über das Geschäftliche hinaus eine dauerhafte private Bindung entwickelte.

Natürlich wuchsen diese Freundschaften zunächst in der Region. Schon Anfang der fünfziger Jahre wurde ich Mitglied in einem informellen Zirkel führender Unternehmer Baden-Württembergs, der sich „Donnerstags-Kreis" nannte. Dieser aus etwas mehr als zwanzig Herren bestehende Zirkel traf sich jeweils am ersten Donnerstag des Monats im Württembergischen Automobilclub in Stuttgart zu einem offenen Gedankenaustausch. Die Gespräche drehten sich sowohl um aktuelle politische Themen als auch um allgemein interessierende Fragen der Wirtschaft.

Namhafte Mitglieder der Runde waren zu diesem Zeitpunkt Hans L. Merkle, der damals noch in leitender Position bei der Reutlinger Textilfirma Gminder war, die Brüder Karl Erhard und Klaus Scheufelen, Inhaber der gleichnamigen Papierfabrik in Oberlenningen, der spätere Salamander-Vorstandsvorsitzende Franz Josef Dazert, Karl Eychmüller, Vorstandsvorsitzender der Wieland-Werke in Ulm und Arthur Burkhardt von der Württembergischen Metallwarenfabrik (WMF) in Geislingen (Steige).

Arthur Burkhardt war der Initiator des „Donnerstags-Kreises". Mit seinem Eintritt in den Vorstand der WMF wandte er sich betrieblichen Aufgaben zu und baute das Unternehmen zu einem der modernsten Industriebetriebe seiner Branche aus. Er galt weithin als äußerst kunstsinniger Mann, vor allem als großzügiger Förderer der Musik.

Seiner finanziellen Unterstützung durfte sich am Beginn ihrer Karriere ganz besonders die später berühmte Sopranistin Anja Silja erfreuen, die ihre Entwicklung in Stuttgart begann. Ich erinnere mich noch gut, wie bei der Einweihungsfeier in Burkhardts neuerbautem Privathaus oberhalb Geislingens die seinerzeit erst 18jährige Künstlerin die bekannte Senta-Ballade aus Wagners „Fliegendem Holländer" sang.

Wie bereits erwähnt, wurde ich im Jahre 1957 in das siebenköpfige Kollegium der Testamentsvollstrecker der Firma Bosch berufen. Mit 49 Jahren war ich zum Zeitpunkt meiner Berufung mit Abstand das jüngste Mitglied des Kollegiums.

Ein Jahr nach meinem Eintritt beschloß das Testamentsvollstrecker-Kollegium, als Nachfolger für den in den Ruhestand getretenen Finanzchef Alfred Knoerzer den damals 45jährigen Hans L. Merkle zu berufen. Dieses war vielleicht die glücklichste Personalentscheidung in der Nachkriegsgeschichte der Firma Bosch. Denn sie markierte den Beginn einer neuen Ära des schwäbischen Familienunternehmens. Schon 1963 wurde der Sohn eines Verlegers Vorsitzender der Geschäftsführung. Mit Merkle, einem ungewöhnlich belesenen und gebildeten Mann, verband mich von Anfang an ein enges, sehr bald freundschaftliches Verhältnis. So entstand bei mir schon bald der Wunsch, ihn näher an das Haus Voith zu binden. Zu meiner Freude konnte ich feststellen, daß es ihm auf Anhieb gelang, das uneingeschränkte Vertrauen von Hanns Voith zu gewinnen.

Als wir im Jahre 1965 unseren Aufsichtsrat neu besetzen mußten, ergab es sich nahezu von selbst, daß er auf unserer Wunschliste ganz vorne stand. Merkle verschloß sich unserem Ruf nicht und gehörte dem Aufsichtsrat von 1965 bis 1968 an. Von 1970 bis 1973 war er dessen Vorsitzender und erneut Mitglied von 1980 bis 1984. Nach dem Inkrafttreten unserer neuen Unternehmensverfassung übernahm er 1976 den Vorsitz des neugebildeten Gesellschafterausschusses – ein Amt, das er Jahre ausübte. Aus den reichen Erfahrungen seiner Tätigkeit bei Bosch hat er uns in dieser Zeit immer wieder durch klugen Rat und nicht selten auch durch uneigennützige Mittlerdienste bei der Lösung schwieriger Aufgaben geholfen. Mit den Besonderheiten von Familiengesellschaften engstens vertraut, brachte er sowohl die nötigen Kenntnisse als auch das erforderliche Einfühlungsvermögen mit, um sich den anstehenden Problemen eines an der Schwelle zur vierten Generation stehenden Unternehmens erfolgreich zu widmen.

Durch meine enge Beziehung zu Bosch, dessen Aufsichtsrat ich seit 1961 angehörte (ab 1976 als Vorsitzender), wurden mir auch von anderen Gesellschaften Mandate angetragen. So wurde ich 1961 in den Aufsichtsrat der Deutschen Linoleum-Werke (DLW) in Bietigheim berufen, obwohl es zu Voith keinerlei geschäftliche Verbindungen gab. Eine äußerst schwierige Rolle fiel mir bei der Stuttgarter Maschinenfabrik Werner & Pfleiderer zu. Die auf die Gründerbrüder Paul und Hermann Pfleiderer und den einige Jahre später zu ihnen gestoßenen Ingenieur Hermann Werner zurückgehende Firma hatte vor über hundert Jahren mit einer Teigknetmaschine den Grundstein für ein zunächst auf Bäckereiausrüstungen begrenztes Maschinenbauunternehmen gelegt. Später kamen Maschinen für die chemische Industrie, Lackieranlagen sowie hydraulische Pressen und Steuerungen hinzu. Zwischen Werner & Pfleiderer und Voith gab es schon in einem relativ frühen Stadium intensive geschäftliche Beziehungen. Weil sie die größten ihrer in verschiedenen Abmessungen angebotenen Knetautomaten zunächst noch nicht selbst fertigen konnte, vergab die Firma diese Aufträge für einige Zeit noch nach Heidenheim.

Während der NS-Zeit erlebte Werner & Pfleiderer eine für seine weitere Zukunft einschneidende Veränderung seiner Eigentümer- und Führungsstruktur. So wurde ein junger Ingenieur namens Otto Fahr als Betriebsführer eingesetzt. Die Familie gab ihm darüber hinaus die Möglichkeit, sich mit zehn Prozent an der Gesellschaft zu beteiligen. Fahr wurde der führende Kopf des Unternehmens. Darüber hinaus übernahm er im VDMA wichtige Funktionen. Aus unserer gemeinsamen Arbeit im Verband erwuchs denn auch bald eine lebenslängliche Freundschaft. Bevor er aus Altersgründen aus der Geschäftsführung ausschied, bat er mich, in den Verwaltungsrat einzutreten, um dort die Interessen seiner Familie wahrzunehmen. Leider konnte ich nicht verhindern, daß die Firma in den siebziger Jahren in ernsthafte Schwierigkeiten geriet. So sahen sich die Inhaber schließlich veranlaßt, die Majorität an den Essener Krupp-Konzern abzugeben.

Aus den Gesprächen im „Donnerstags-Kreis" und als Mit-Testamentsvollstrecker bei Bosch kam ich in näheren

Kontakt zu Karl Eychmüller, Vorstandsvorsitzender der Ulmer Wieland Werke. Obwohl er über 20 Jahre älter war, entwickelte sich zwischen uns eine enge Freundschaft. Über drei Jahrzehnte leitete er diese zu den größten Familienunternehmen der deutschen Nichteisenmetall-Halbzeugindustrie zählende Firma. Angefangen hatte er als Sekretär des Kommerzienrates Wieland. Da dieser zu seinen eigenen beiden Söhnen nicht das nötige Vertrauen hatte, übertrug er Eychmüller weitgehende Vollmachten, das 1820 gegründete Unternehmen zu führen. Dieser übertrug seine Position später auf seinen Sohn Wolfgang Eychmüller, der nach meinem Ausscheiden aus dem Kreis der Testamentsvollstrecker bei Bosch meinen Platz einnahm.

Im Zusammenhang mit den Beteiligungen von Voith habe ich an anderer Stelle bereits meine Rolle bei Salamander erwähnt, wo ich 1973 den Aufsichtsratsvorsitz übernahm. Die Berufung ging auf meinen Freund Angelo Hammelbach zurück. Er war ein in jeder Hinsicht begnadeter Mensch. Schon die Umstände seines Eintritts in die Salamander-Führung hätten einem Roman entnommen sein können. Er entstammte einer bodenständigen bayerischen Familie und sollte ursprünglich in einer Schuhfabrik arbeiten, die ein Verwandter in Sachsen besaß. Doch das Schicksal hatte anderes mit ihm vor. Während seines Studiums der Schuhherstellung in Amerika lernte er einen Sprößling der Salamander-Eigentümerfamilie Siegle kennen, mit dem er sich anfreundete. Nach seiner Rückkehr nach Deutschland besuchte Hammelbach seinen Freund. Dort lernte er dessen Schwester kennen, verliebte sich in sie und heiratete sie wenig später. Diese Heirat verhalf ihm zur Berufung in den Salamander-Vorstand. Hammelbacher war ein leutseliger, außerordentlich kontaktfreudiger Mensch und ein begeisterter Jäger, der auf seinem bayerischen Bauernhof unvergeßliche Feste ausrichtete.

Was das gesellschaftliche Leben betraf, so hatte Heidenheim nicht allzuviel zu bieten. Vor 1933 hatte Hermann Voith in seinem großen Haus regelmäßig Feste veranstaltet. Doch als die Nazis kamen, verebbte das gesellschaftliche Leben. Man hielt sich zurück, versuchte nicht aufzufallen und Denunziationen und Gefahren für Leib und Leben aus dem Wege zu gehen. Auch nach dem Krieg kam trotz des befreienden Gefühls, noch einmal davongekommen zu sein, auf der rauhen Schwäbischen Alb keine ausgelassene Freude auf. Hanns Voith, der nach dem Tode seines Bruders Hermann die Familie an der Spitze des Unternehmens allein repräsentierte, liebte statt rauschender Feste mehr stille Gesprächszirkel und stilvolle Hauskonzerte. An seiner Stelle übernahm mehr und mehr Colette Schuler-Voith die Rolle der Repräsentantin des Hauses Voith nach außen. Sie besaß hierzu zweifellos eine besondere Begabung. In ihrem Haus in Göppingen verkehrten viele Freunde, die ich aus dem „Donnerstags-Kreis" kannte. Bei ihr traf ich auch Fritz Nallinger, Chefkonstrukteur von Daimler-Benz. Mit den Familien Schuler und Voith eng befreundet waren auch Herr und Frau Schmidtgen. Von Beruf Apotheker, baute Schmidtgen, der lange Zeit in Afrika gelebt hatte, in Stuttgart eine kleine chemische Fabrik auf. Sein Sohn Hans war maßgeblich am Aufbau der Jungen Union beteiligt und durfte sich der besonderen Förderung des CDU-Vorsitzenden Konrad Adenauer erfreuen.

Die auf dem Gebiet Pressen für die Automobilindustrie und für die Münzenherstellung führende Firma L. Schuler GmbH war nach dem Kriege eng mit der Dresdner Bank liiert. Deren großer Mann der ersten Wiederaufbaujahre, Hugo Zinßer, leitete den Aufsichtsrat. 1959 übernahm ich dieses Amt und behielt es 25 Jahre. Das freundschaftliche Verhältnis, das mich schon in relativ jungen Jahren mit Hermann Voith verband, übertrug sich auch auf die Familie Schuler-Voith. Unter den Gästen, die im Hause von Frau Colette Schuler-Voith verkehrten, befand sich auch Bruno Schubert, seinerzeit noch persönlich haftender Gesellschafter der Henninger-Bräu KGaA in Frankfurt. Als ich ihn Anfang der fünfziger Jahre kennenlernte und mich nach ihm erkundigte, sagte mein Gesprächspartner: „Wissen Sie, Männer haben oft mancherlei Leidenschaften, der eine sammelt Briefmarken, der andere Gemälde, der nächste Edelsteine – Bruno Schubert jedoch sammelt Menschen." In seinem Ferienhaus Bogensberglehen bei Berchtesgaden, in dem er acht Gästezimmer mit Bädern eingerichtet hatte, kam in jedem Sommer ein bunter Kreis von Freunden zusammen. Bei Bruno Schubert traf ich Theaterleute wie Boy Gobert und Harry Buckwitz, den Frankfurter Intendanten, Wirtschaftler wie Berthold Beitz und den späteren Bundesbank-Präsidenten Ottmar Emminger und Politiker aller Couleurs, von Helmut Kohl über Walter Scheel und Hans-Dietrich Genscher bis zu Schorsch Leber, der in der Nähe wohnte. Genscher, den ich im Hause Schubert mehrere Male traf, versuchte mich für die FDP zu interessieren. Ich mußte ihm allerdings sagen, daß mir für eine ernsthafte parteipolitische Arbeit sowohl das nötige Engagement als auch die hierfür aufzubringende Zeit fehle. Im übrigen war ich unter dem Einfluß Adolf Pirrungs 1948 in die CDU eingetreten, allerdings nicht als aktives, sondern nur als zahlendes Mitglied.

Besonders intensive freundschaftliche Beziehungen unterhielt ich zu einer Reihe bedeutender Kunden in der deutschen Papierindustrie, vor allem zu den Häusern Scheufelen, Haindl und Palm. Karl-Erhard Scheufelen, Jahrgang 1903, trat 1935 neben seinen Vater in die Geschäftsführung der Papierfabrik Scheufelen in Oberlenningen ein. Hier war 1892 erstmalig auf dem Kontinent Kunstdruckpapier hergestellt worden. In den Wirren der letzten Kriegswochen verstand er es mit großem Geschick, die Zerstörung des Ortes und der Fabrik zu verhindern. Ab 1950 führte er die Firma gemeinsam mit seinem jüngeren Bruder Klaus. Dieser hatte genau an dem Tag, an dem ich als junger Diplomkaufmann in Heidenheim angefangen hatte, bei Voith eine praktische Ausbildung begonnen. Während des Krieges ging der Diplomingenieur der Fachrichtung Papieringenieurwesen nach Peenemünde und arbeitete dort im Stab von Wernher von Braun an zwei Projekten für Flakraketen. Als beratender Ingenieur beschäftigte er sich nach Kriegsende mit ähnlichen Entwicklungen in den USA weiter und kehrte erst 1950 nach Deutschland zurück. An der Seite seines Bruders übernahm er die technische Leitung der Fabrik. Daneben begann er in der baden-württembergischen CDU eine bemerkenswerte politische Karriere. Er gehörte zu den Mitbegründern des CDU-Wirtschaftsrates, an dessen Spitze er 1964 für vier Jahre trat. Als Schatzmeister unterstanden ihm die Finanzen der Bundes-CDU. Seinen stärksten Einfluß übte er jedoch unter den Ministerpräsidenten Kurt Georg Kiesinger und Hans Filbinger in Baden-Württemberg aus. Dabei agierte er als eine Art „graue Eminenz". Nach einem Ministeramt habe er sich nie gedrängt, sagte bei einer Feier zu seinem 80. Geburtstag 1993 sein Parteifreund Erwin Teufel, vielmehr habe er Minister und Ministerpräsidenten „gemacht".

Von vergleichsweise barockem Zuschnitt war mein Freund Georg Haindl. Als unerhört vitaler, risikofreudiger Unternehmer führte er die im Jahre 1849 gegründeten G. Haindl'schen Papierfabriken in Augsburg so, als gehörte ihm die Firma ganz allein. Dabei besaß er nur knapp sieben Prozent der Anteile. Als Vorsitzender des „Wirtschaftsbeirats der Union" (dem bayerischen Gegenstück zum CDU-Wirtschaftsrat) unterhielt er engste Kontakte zu Franz Josef Strauß und anderen führenden CSU-Politikern. Er war „Ritter vom Heiligen Grabe" und stiftete die

Autobahnkapelle bei Augsburg. Es war für mich ein großer Schock, als mich 1970 die Nachricht von seinem Tod erreichte.

Auch mit dem Hause Palm in unserer Nachbarschaft verbindet uns seit über 100 Jahren eine enge Partnerschaft. Wichtige Impulse bei der Weiterentwicklung unserer Maschinen gab uns immer wieder Wilfried Palm.

Vor allem meine Arbeit im VDMA und die damit zeitweise verbundene Zugehörigkeit zum BDI-Präsidium brachten mich in Kontakt zu namhaften Industriellen außerhalb meiner engeren Heimat. Mit Fritz Berg, der die deutsche Industrie in den Jahren des Wiederaufbaus als Verbandspräsident vertrat, lernte ich einen Mann kennen und schätzen, der als Inhaber einer mittelständischen Stahlfedernfirma aus dem Sauerland die besonderen Sorgen und Nöte von Familiengesellschaften aus eigener Erfahrung kannte. Berg, der das besondere Vertrauen Konrad Adenauers genoß, war ein Mann mit Kanten und Ecken, der seine Worte nicht gerade auf die Goldwaage zu legen pflegte. Er war in dieser Hinsicht seinem Freund Hermann Reusch sehr ähnlich, der als Generaldirektor des Gutehoffnungshütte-Konzerns in Oberhausen insbesondere gegen die Gewerkschaften heftige Attacken ritt. Die sahen in ihm den „Prototypen des reaktionären Schlotbarons". Als er 1955 die Montanmitbestimmung als „Ergebnis einer brutalen Erpressung durch die Gewerkschaften" geißelte, standen im Revier aus Protest für einen Tag alle Räder still.

Hermann Reusch hat nie die Wurzeln seiner schwäbischen Herkunft verleugnet. Wann immer es seine Zeit erlaubte, hielt er sich auf seinem „Katharinenhof" bei Backnang auf. Die Ära Reusch hatte an der Ruhr sein Vater Paul Reusch begründet. Über 30 Jahre lang bestimmte der Sohn eines württembergischen Oberbergrats die Geschicke des Konzerns. Unter seiner Regie entwickelte sich das einstige Montanunternehmen nach dem Ersten Weltkrieg durch Übernahme der MAN und anderer verarbeitender Firmen zu einer Maschinen- und Industrieanlagen-Gruppe mit eigener Stahlbasis. Auf der Suche nach interessanten Beteiligungen führte der in Königsbronn nicht weit von Heidenheim entfernt geborene Paul Reusch auch Gespräche mit den Brüdern Voith. Unser Unternehmen befand sich nach dem Ersten Weltkrieg Anfang der zwanziger Jahre in einer nicht einfachen Lage. Ohne eigene Versorgungsbasis hatte Voith große Schwierigkeiten, die nötigen Mengen kontingentierten Stahls zu bekommen. Gott sei Dank widerstanden die Inhaber dem Entschluß, unter dem Eindruck dieser vorübergehenden Krise ihre Unabhängigkeit aufzugeben. Wie Hanns Voith später erzählte, habe Walther Voith, der Älteste, irgendwann mit der Hand auf den Tisch gehauen und ein Machtwort gesprochen: „Wir bleiben selbständig!"

Hanns Voith war in der ihm eigenen Bescheidenheit der Ansicht, daß sich der „kleine Voith", wie er seine Firma bisweilen nannte, mit Aufgaben und Funktionen außerhalb des Hauses auf das Notwendigste beschränken sollte. Als notwendig sah er vor allem unsere Mitarbeit im VDMA an, zu der wir auch aus seiner Sicht aufgrund unserer Stellung im deutschen Maschinenbau verpflichtet waren. Dagegen schien ihm bei der Annahme von Aufsichtsratsmandaten eher Zurückhaltung angebracht, vor allem bei Kreditinstituten. In diesem Punkt vertrat er sogar dezidiert die Meinung, daß wir uns nicht durch einseitige Bindungen an eine bestimmte Bank in unserer Unabhängigkeit einschränken lassen sollten. Doch durch „höhere Gewalt" und unsere Beteiligungspolitik sahen wir uns veranlaßt, unserer eigenen Devise untreu zu werden. Im Jahre 1952 wurde ich gefragt, ob ich bereit wäre, in den Aufsichtsrat der Württembergischen Bank einzutreten. Das war das Nachfolgeinstitut der früheren Württembergischen Notenbank. Sie war voll im Staatsbesitz, Auf-

sichtsratsvorsitzender war stets der amtierende Landes-
finanzminister. Schon um unser gutes Verhältnis zur Landesregierung nicht zu gefährden, konnte ich mich der Aufgabe nicht entziehen.

Mit unserem Einstieg in die Deutsche Effecten- und
Wechselbank in Frankfurt hatten wir, wenn man so sagen
darf, unsere Unschuld verloren. Ich legte mein Mandat bei
der Württembergischen Bank nieder und wurde Aufsichtsrats-Vorsitzender unserer eigenen Bank. Die erfolgreiche
Entwicklung der Firma Voith zu einem auch finanziell ge-
festigten Unternehmen, das von den Banken umworben
wurde, ließ die von der Sorge um die Unabhängigkeit von
Kreditinstituten genährten Berührungsängste mit der Zeit
ganz in den Hintergrund treten. Und so stimmte Hanns
Voith 1958 sogar zu, als ich ihm von dem Angebot der
Commerzbank berichtete, in ihren Aufsichtsrat einzutreten. Allerdings knüpfte ich meine Zusage an die Bedingung, daß für mich keiner seinen Stuhl freimachen müsse.
Nur wenige Monate später starb das Aufsichtsratsmitglied
Ulrich Dörtenbach, der aus einer alten württembergischen
Privatbankiers-Familie stammte und später Präsident der
Industrie- und Handelskammer Stuttgart wurde. Damit
war ich im Wort. Ich sollte dem Aufsichtsrat der Com-
merzbank zwanzig Jahre angehören.

Durch die enge Zusammenarbeit mit Hans Reuter im
Exportausschuß der deutschen Wirtschaft und im VDMA
kam ich 1966 in nähere Berührung mit der Demag. Obwohl seine Familie nicht einmal zehn Prozent der Aktien
des Duisburger Maschinenbauunternehmens besaß, war er
die alles beherrschende Figur. Aufbauend auf dem Lebenswerk seines Vaters, der die Firma zum größten Kranher-
steller der Welt gemacht hatte, entwickelte sich die Demag
unter Hans Reuter zu einem der führenden Hütten- und
Walzwerkbauer der Welt. Als Mitglied des Aufsichtsrates
lernte ich viele Probleme kennen, die auch Voith zu schaf-

fen machten, allen voran Fragen der Exportfinanzierung. Als das Unternehmen 1974 nach einem heimlichen Aufkauf über die Börse von Mannesmann übernommen wurde, trat ich in dessen Aufsichtsrat über. Mit dem damaligen Mannesmann-Chef Egon Overbeck verband mich seither eine über das Geschäftliche weit hinausgehende Freundschaft. Er zögerte keinen Augenblick, als wir ihn unsererseits 1976 baten, in unseren neugebildeten Gesellschafterausschuß bei Voith einzutreten.

Meine Kontakte zu anderen Unternehmen und deren führenden Herren brachten es mit sich, daß ich das eine oder andere Mal der Versuchung ausgesetzt war, mich innerlich mit der Frage eines beruflichen Wechsels zu befassen. In einer Verhandlung über die Lieferung einer Papiermaschine verblüffte mich Oswald Dittrich, Generaldirektor der Feldmühle, mit den Worten: „Herr Rupf, den Auftrag können wir Ihnen nicht geben, der geht an Ihre Konkurrenz, aber Sie würde ich gerne als meinen Nachfolger haben." – Meine Antwort kam prompt: „Tut mir leid, ich bin nicht lieferbar!" Gern hätte mich auch Oscar Henschel zum Chef seines Lokomotiven- und Lkw-Unternehmens gemacht. Er lebte unter der Wahnvorstellung, er werde wie seine Vorfahren nicht älter als 60 Jahre werden. So reifte in ihm der Entschluß, sich rechtzeitig vom aufreibenden Amt des Generaldirektors auf die ruhigere Position des Aufsichtsrats-Vorsitzenden zurückzuziehen. Auch ihm gab ich einen Korb. 1957 kam das 1810 gegründete Familienunternehmen in Schwierigkeiten und wurde mehrheitlich von dem früheren Ruhrmanager Fritz Aurel Goergen übernommen, der es seinerseits 1964 an Rheinstahl weiterveräußerte. Als ich Oscar Henschel ein paar Jahre später bei einer Beerdigung in Baden-Baden wieder traf, kam er auf mich zu und sagte sinngemäß: „Hätten Sie damals nicht abgelehnt, wäre ich heute noch Eigentümer von Henschel – nein, dann wäre ich an einem Herzinfarkt gestorben!" Die größte Versuchung bedeutete für mich Anfang der sechziger Jahre das Angebot des Stellvertretenden AEG-Aufsichtsrats-Vorsitzenden Heinz Osterwind, Vorstandsmitglied der Deutschen Bank, die Leitung des Elektrokonzerns zu übernehmen. Dies war ein verlockendes Angebot, war die AEG damals doch noch ein Weltunternehmen. Doch es kostete mich nur eine schlaflose Nacht, um die Offerte dankend abzulehnen. Natürlich habe ich mich später oft gefragt, ob der AEG der bittere Weg in den Vergleich erspart geblieben wäre, hätte ich mich damals zum Wechsel entschlossen. Doch solche Gedanken sind müßig.

Ich habe es nie bereut, meinem ersten Arbeitgeber ein ganzes Arbeitsleben lang treu geblieben zu sein. Wie wohl kaum in einem anderen Familienunternehmen dieser Größe und Bedeutung durfte ich bei Voith meine eigenen geschäftspolitischen Vorstellungen verwirklichen. Die Entscheidungswege waren kurz – wesentlich kürzer als in großen Kapitalgesellschaften mit ihren Mitbestimmungsriten. Die mir von den Inhabern, namentlich von Hanns Voith gewährte Freiheit und das mir von ihnen damit entgegengebrachte Vertrauen machten es mir unmöglich, meine Aufgabe in Heidenheim eines vermeintlichen Vorteils wegen im Stich zu lassen.

14. Gefahren von innen

Am Ende blieb nur die Realteilung

In den letzten Jahren hat das Thema „Wirtschaftsethik"
große Bedeutung erlangt. Unternehmen müssen sich nicht
nur mit ihren Geschäftsergebnissen vor der Öffentlichkeit
präsentieren. Vielmehr müssen sie sich auch in ihrem Verhalten im Innern wie nach außen stärker als früher an
ethischen und moralischen Maßstäben messen lassen.
Schon die Herren Voith lehrten mich als jungen Mitarbeiter, daß ein Unternehmen auf die Dauer nur gedeihen
kann, wenn es nach dem Prinzip des „do ut des" handelt,
nach außen gegenüber der Kundschaft und den Lieferanten, nach innen gegenüber den Mitarbeitern.

Ich habe versucht, den Stil des Hauses Voith zu wahren,
die Tradition fortzuführen in flexibler Anpassung an den
Wandel weltwirtschaftlicher Entwicklungen. Nicht Größe
an sich war für unsere Geschäftspolitik maßgebend, sondern unsere Leistungsfähigkeit und die Sicherung unserer
technischen Spitzenposition. Bei der Verleihung der
Ehrenbürgerschaft der Stadt Heidenheim am 12. August
1983 sagte ich unter anderem: „Der Respekt vor der
Familientradition blieb gewahrt und wird in der Genera-
tionenfolge hoffentlich weiter getragen, im Sinne der fein-
sinnigen Worte, die Thomas Mann seinem Konsul Budden-
brook in den Mund gegeben hat. Ich zitiere: ‚Denn wir sind

nicht lose, unabhängige und für sich bestehende Einzel-
wesen, sondern wie Glieder in einer Kette, und wir wären,
so wie wir sind, nicht denkbar ohne die Reihe derjenigen
die uns vorangingen und uns die Wege wiesen, indem sie
ihrerseits einer erprobten und ehrwürdigen Überlieferung
folgten'."

Hanns Voith hätte, wie an anderer Stelle erwähnt, das
Unternehmen nach dem Beispiel des Hauses Bosch am
liebsten in eine gemeinnützige Stiftung eingebracht, um
das Familienerbe in seinem Geiste zu bewahren. Doch
wollte ihm der zweite Erbenstamm auf diesem Wege nicht
folgen. In seinen „Richtlinien für die vierte Generation"
appellierte er im Januar 1958 an seine Töchter und Nichten: „Für Euch, also auch für die nicht im Werk Tätigen
der vierten Generation, soll nur ein gemeinsames Interesse da sein: die Gesunderhaltung des Werkes und seine
finanzielle Unabhängigkeit, die heute mehr als zu Zeiten
unserer Väter bedroht ist, aber weniger bedroht ist, wenn
das Werk gut geleitet ist und gute menschliche Beziehungen im Betrieb herrschen. Mit egoistischen Familieninter-
essen und mit Hader schadet Ihr dem Werk, das Euch
ernährt und in der Zukunft ernähren soll und das Euch
ernährt hat bis heute und Euch eine trotz Krieg und Not
materiell sorgenlose Jugend und Erziehung möglich gemacht hat. Durch ein gütiges Schicksal ist bis heute das
Werk der Familie erhalten geblieben. Ihr Voith-Abkömm-
linge seid dankbar dafür den Gründern Johann Matthäus
und Friedrich Voith, Euren Vätern und allen, die im Werk
für Euch gearbeitet haben! Seid stolz auf das Werk,
schützt es vor fremden Einflüssen! Vergeßt nicht: Besitz,
besonders derjenige an den Produktionsmitteln, verpflichtet, um so mehr, wenn es ein ererbter und kein selbster-
worbener ist. Nehmt es eher als Lehen Gottes, das Eurer
Verwaltung und Fürsorge übergeben wurde, dann seht Ihr
es richtig an. Ich bin überzeugt, daß diese Richtlinien, in

geänderter Zeitlage gegeben, auch den Wünschen der verstorbenen männlichen Mitglieder der dritten Generation, meinen Brüdern Walther und Hermann, entsprechen würden."

Die im Mai 1976 auf meine Anregung von den Gesellschaftern einstimmig beschlossene neue Verfassung unserer Firma sollte diesem Vermächtnis Rechnung tragen. In meiner eingangs erwähnten Rede konnte ich mit einiger Genugtuung erklären: „Nach nunmehr siebenjähriger Bewährung kann ich mit Befriedigung feststellen, daß dies ein glücklicher Beschluß war, der wesentlich zur Stabilität unseres Gesellschafterkreises und damit der Bewahrung der Unabhängigkeit des im zweiten Jahrhundert bestehenden Familienunternehmens beigetragen hat."

Ich konnte zu diesem Zeitpunkt nicht ahnen, daß es schon wenige Jahre später im Eigentümerkreis zu folgenschweren Spannungen kommen würde. Anfang 1989 erschienen Pressemeldungen über einen „Möglichen Besitzerwechsel bei Voith" („Börsen-Zeitung"). Als Kaufinteressenten wurden nicht nur Sulzer-Escher Wyss, sondern auch Salzgitter und Rheinmetall genannt. Wie diese Informationen an die Öffentlichkeit gelangen konnten, habe ich nie erfahren. Schon im Sommer 1988 hatte die Geschäftsführung in ihrer alljährlichen Strategiediskussion Möglichkeiten einer industriellen Partnerschaft sondiert. Anlaß war dabei vor allem die aggressive Marktpolitik des staatseigenen finnischen Papiermaschinenherstellers Valmet. Es setzte sich bei uns die Einschätzung durch, daß ein Zusammengehen mit Sulzer über dessen deutsche Tochtergesellschaft Escher-Wyss sinnvoll sein würde. Sulzer ließ schnell Interesse an einer Allianz mit Voith erkennen, wollte jedoch über ein Joint Venture bei Papiermaschinen und Wasserturbinen hinausgehend, eine direkte Beteiligung an Voith. Als Preis für einen 25prozentigen Anteil wollten die Schweizer Escher-Wyss bei Voith einbringen.

Im Herbst 1989 war der damalige Vorstandsvorsitzende der Salzgitter AG, Ernst Pieper, bei mir und bat um eine Unterredung. Bei einem Treffen in Düsseldorf, an dem auch der Vorsitzende unseres Gesellschafterausschusses, Egon Overbeck, teilnahm, erklärte er uns, daß er vor der geplanten Privatisierung seines dem Bund gehörenden Konzerns dessen Produktprogramm gerne noch um einen attraktiven Bereich erweitern würde. Diese Ergänzung wäre durch eine Übernahme von Voith möglich. Auf seine Frage, wo der Preis für das Unternehmen liegen könnte, erklärte ich ihm, daß er von mindestens 1,2 Milliarden Mark ausgehen müsse. Ohne ein positives Signal der Gesellschafter auf seine Offerte, so fügte ich hinzu, sei allerdings jede Erörterung von Einzelheiten rein spekulativ. Salzgitter, das zu dieser Zeit zu etwa 70 Prozent von den Krisenbranchen Stahl und Schiffbau abhängig war, hatte sich, wie Pieper berichtete, vor allem in der Antriebstechnik, aber darüber hinaus auch in der Schiffs- und Lufttechnik im Falle einer Übernahme von Voith Expansionschancen ausgerechnet. Wie sehr Pieper an uns interessiert war, läßt sich daran erkennen, daß er durchaus bereit war, sich zunächst mit 50 Prozent zufriedenzugeben und für den Rest ein Vorkaufsrecht zu sichern.

Wenig später rief mich Hans Merkle an und fragte mich, ob ich bereit wäre, Hans Ulrich Brauner, Vorstandschef der Rheinmetall AG in Düsseldorf, zu empfangen. Beide Herren kannten sich aus gemeinsamen Bosch-Zeiten. Brauner eröffnete das Gespräch mit der Erklärung, daß er von Verkaufsabsichten der Familie Voith erfahren habe und daß Rheinmetall ein großes Interesse habe, uns zu übernehmen. Die mehrheitlich von der Familie Röchling kontrollierte Rheinmetall-Gruppe, eine der führenden deutschen Wehrtechnikfirmen, hatte in den siebziger Jahren systematisch damit begonnen, in neue, zivile Geschäftsfelder vorzustoßen, um ihre Abhängigkeit vom zyklischen Rüstungsgeschäft zu vermindern. Erste Etappe auf diesem Weg war in den siebziger Jahren der Kauf der Jagenberg AG in Düsseldorf. Das Unternehmen, Hersteller von Papier- und Verpackungsmaschinen, war lange Zeit auf dem Markt gewesen. Gemeinsam mit Merkle hatte ich überlegt, ob Bosch (wegen der Verpackungsmaschinen) oder Voith (wegen der Papiertechnik) Jagenberg kaufen sollten. Aber die Eigentümerfamilie hatte in unseren Augen völlig überzogene Preisvorstellungen. Nach Ansicht Brauners hätten sich durch ein Zusammengehen von Rheinmetall und Voith interessante Programmergänzungen ergeben: Durch die Jagenberg-Technik im Bereich der Papierausrüstung, vor allem bei Rollenschneidmaschinen, würde Voith als Anbieter vor allem von Maschinen für die Stoffaufbereitung und die Papierherstellung eine erhebliche Kompetenzerweiterung erfahren.

Ich habe nach den Gesprächen mit Pieper und Brauner alle Gesellschafter zusammengerufen und ihnen von den mir unterbreiteten Kaufofferten berichtet. Ich habe mich dabei einer subjektiven Bewertung eines Verkaufs weitgehend enthalten und den Eigentümern die relevanten Entscheidungskriterien aufgezeigt. Bei einer in meinen Augen realistischen Kaufpreisvorstellung von 1,2 Milliarden Mark würden der Familie bei sechs Prozent Zinsen jährlich 72 Millionen Mark zufließen. Soviel würden sie an Dividende aus dem Unternehmen niemals erwarten können. Trotz der Aussicht auf hohe, weitgehend sichere Kapitalerträge entschieden sich beide Familienstämme getreu den von Hanns Voith erlassenen Richtlinien für die nächste Generation, ihr Unternehmen nicht zu verkaufen. Im Auftrag der 24 Familiengesellschafter konnte ich Anfang Februar 1989 die durch die umlaufenden Verkaufsgerüchte äußerst nervösen Vertreter der Belegschaft darüber informieren, daß ihr Unternehmen weiterhin selbständig bleiben werde.

... 188 ...

Unabhängig davon setzten die Geschäftsführungen von Voith und Sulzer ihre Verhandlungen über ein Zusammengehen weiter fort. Die Chancen stünden „fünfzig zu fünfzig", erklärte der Vorsitzende der Geschäftsführung von Sulzer-Escher Wyss, Peter Dill. Gemeinsam könnten beide Unternehmen nach dem Beispiel der finnischen Konkurrenz als Weltmarkt-Zweiter auch größere Papiermaschinen komplett aus einer Hand anbieten. „Unsere Produktpalette und unsere geographische Verteilung ergänzen sich günstig", sagte Sulzer-Präsident Fritz Fahrni in einem Interview, „vor allem liegt Voith im EG-Raum. Wir haben uns hier ein Tor geöffnet, das uns erlaubt, aus der Position der Stärke heraus zu handeln."

Am 16. August 1989 konnten Sulzer und Voith die Unterzeichnung einer Absichtserklärung über eine enge Zusammenarbeit bekanntgeben. In einer Sonderausgabe der Mitarbeiterinformation „Voith intern" heißt es: „Die Vereinbarung sieht vor, alle Aktivitäten auf den Gebieten Papiertechnik (Anlagen zur Papierherstellung) und Strömungstechnik (Ausrüstungen für Wasserkraftwerke, Schiffspropeller) mit den in diesen Bereichen tätigen Mitarbeitern zusammenzulegen. Diese Aktivitäten sollen künftig bei Voith als Konzernbereiche Voith-Escher Wyss Papiertechnik und Voith-Escher Wyss Strömungstechnik partnerschaftlich geführt werden. Gleichzeitig würde Sulzer eine substantielle Beteiligung an der J. M. Voith GmbH erhalten. Dem Entscheid der Kartellbehörden sehen die Vertragspartner zuversichtlich entgegen, zumal in Anbetracht der hohen Exportanteile beider Partner im Weltmarkt die internationale Wettbewerbsposition im Vordergrund steht."

Tatsächlich signalisierte das Berliner Kartellamt am 8. Februar 1990 seine Zustimmung zu dem geplanten Zusammenschluß. Trotz anfänglicher Bedenken trug das Amt damit letztlich der Tatsache Rechnung, daß beide Firmen nur 40 Prozent ihres Umsatzes in Deutschland erzielen und Beloit und Valmet international eine dominierende Stellung einnehmen. Dafür formierte sich plötzlich aus dem eigenen Gesellschafterkreis Opposition gegen die mit Sulzer vereinbarte Allianz. Der Familienzweig Hermann Voith erklärte kategorisch, der Fusion in der vorliegenden Form nicht zuzustimmen. Die Ablehnung war um so unverständlicher, als die Gesellschafter noch am 10. März 1989 einstimmig ein Positionspapier gutgeheißen hatten, in dem der Eintritt Sulzers in den Gesellschafterkreis von Voith ausdrücklich in Betracht gezogen wurde. Auf einer Gesellschafterversammlung kam es am 16. März 1990 im „Eisenhof" in Anwesenheit von Sulzer-Präsident Fahrni zu einem Eklat zwischen den beiden Familienstämmen. In den „Stuttgarter Nachrichten" war ein ausführlicher Bericht über die Sitzung mit dem Ausspruch von mir überschrieben: „Der schwärzeste Tag in meiner Geschichte bei Voith." In einer Belegschaftsversammlung, an der fast 3000 Voithianer teilnahmen, erklärte der Sprecher der Voith Geschäftsführung, Dr. Michael Rogowski, am 19. März noch einmal, daß die Geschäftsführung trotz der Uneinigkeit unter den beiden Familienzweigen unverändert an der vereinbarten Zusammenarbeit mit Sulzer festhalten werde. „Wir werden für diese Kooperation kämpfen", brachte der Betriebsratsvorsitzende Otto Link nach der Versammlung in einem Pressegespräch die Haltung der Belegschaft zum Ausdruck. Nur die zwischen beiden Unternehmen vereinbarte Fusion garantiere die Sicherung der Arbeitsplätze, ein Scheitern werde somit große Gefahren heraufbeschwören.

Die Frage war nur, wie die sich unversöhnlich gegenüberstehenden Standpunkte angenähert werden konnten. Erschwert wurde eine Lösung vor allem durch die rege Anteilnahme der Medien, die teilweise unter reißerischen Überschriften wie „Dallas auf der Alb" über den Familienstreit berichteten. Dabei wurde die Presse von interessierter Seite mit recht subjektiv gefärbten Informationen gefüttert. Durch die öffentlichen Auseinandersetzungen war die Atmosphäre schließlich so vergiftet, daß eine in vertraulichen Gesprächen vielleicht noch mögliche Verständigung kaum mehr erreichbar schien. Bei dem Versuch, die zerstrittenen Parteien an einen Tisch zu bringen, setzten manche ihre Hoffnungen auf mich. So schrieb die „Schwäbische Zeitung" in einem Kommentar: „Wahrscheinlich kann jetzt nur noch einer die verfahrene Situation retten: der 81jährige Ehrenvorsitzende des Hauses Voith, Hugo Rupf, dem Familie und Firma so viel zu verdanken haben. Er sollte es schaffen, die Voith-Gesellschafter in dieser Frage zu einen. Zumindest den Versuch dazu ist er seinem eigenen großen Lebenswerk schuldig."

An Versuchen, zwischen den beiden Stämmen zu vermitteln, habe ich es nicht fehlen lassen. Mehr als einmal unternahm ich Anstrengungen, Robert Schuler-Voith, den Sohn von Frau Colette Schuler-Voith und Hauptgegner des mit Sulzer ausgehandelten Partnerschaftsmodells, umzustimmen. Wie eng meine Freundschaft zur Familie Hermann Voith gewesen war, läßt sich vielleicht daran erkennen, daß er mein Patenkind war. Um so schmerzlicher war es für mich, mit ansehen zu müssen, wie sehr er sich in eine verhängnisvolle Sackgasse verrannt hatte. Zwar unterstützte auch er, wie er mir immer wieder versicherte, vom Grundsatz her eine Liaison mit Sulzer. Doch hatte er die Vorstellung, Voith zu einer Holding umzubauen, unter deren Dach die einzelnen Geschäftsbereiche den Status selbständiger Gesellschaften erhalten sollten. Sulzer, so seine Idee, könne sich dann an der Papiertechnik- und Turbinenfirma beteiligen, nicht jedoch an der Antriebstechnik und am Werkzeugmaschinenbau.

Ich habe ihm eindringlich die Nachteile einer solchen Konstruktion auseinandergesetzt. Vor allem hätte eine

Voith-Holding nicht mehr mit all ihren operativen Gesellschaften Ergebnisabführungsverträge abschließen können, für die eine Mehrheit von mindestens 75 Prozent Voraussetzung ist. Durch einen Verzicht auf den internen Gewinn-Verlust-Ausgleich hätten wir jedoch erheblich mehr Steuern zahlen müssen. Das Entscheidende jedoch: Sulzer lehnte es kategorisch ab, sich nur an der Papier- und Strömungstechnik zu beteiligen. Zu meinem großen Bedauern verfehlten meine Argumente bei Herrn Schuler-Voith jedoch die erhoffte Wirkung. Da beide Familienstämme inzwischen externe juristische Berater hinzugezogen hatten, die in die Gespräche zwischen den Erben eingeschaltet wurden, zog ich mich aus den Vermittlungsbemühungen zurück.

Auch Sulzer hatte inzwischen den Glauben an eine Einigung der Voith-Gesellschafter verloren. Im April 1990 stellte Konzernchef Fahrni ein bis Ende des Monats befristetes Ultimatum. „Wir können es uns nicht erlauben, noch ein Jahr zu verhandeln", erklärte er vor der Presse. Nach Ablauf der Frist werde Sulzer frei für Gespräche mit anderen Interessenten sein. Schon am 27. April veröffentlichten beide Unternehmen folgende gemeinsame Presseerklärung: „Die angestrebte Zusammenarbeit zwischen Voith und Sulzer kann wegen ungelöster Gesellschafterstrukturfragen bei Voith bis zum 30. April 1990 nicht realisiert werden. Die Familien sind übereingekommen, diese offenen Fragen bis Ende Mai 1990 zu klären. Bis zum gleichen Zeitpunkt wird versucht, mit Sulzer doch noch zu einer Realisierung der Zusammenarbeit auf den Gebieten Papier- und Strömungstechnik zu gelangen." Aber auch diese letzte Frist verstrich ungenutzt – die Fronten waren zu diesem Zeitpunkt schon zu verhärtet.

Mitte November meldete die Presse plötzlich, daß der „Familienstreit bei Voith geschlichtet" sei (FAZ). Unter dem Vorsitz des „Schlichters" Walther Zügel, Vorstandsvorsitzender der Landesgirokasse Stuttgart, hatten sich den Berichten zufolge beide Seiten auf die Umwandlung des Unternehmens in eine Aktiengesellschaft verständigt. An ihr sollte Sulzer gegen Einbringung seines Unternehmensbereiches Escher Wyss beteiligt werden. Gleichzeitig sollte die neue Voith AG stimmrechtslose Vorzugsaktien über die Börse dem breiten Publikum anbieten. Diesmal war es Sulzer, der sich querlegte. In einer AG, so ließ man aus Winterthur wissen, seien die Mitspracherechte bei weitem nicht so groß wie in einer GmbH mit präzise formulierten Kompetenzen der Gesellschafter. So erklärten beide Unternehmen ihre Verhandlungen am 17. Januar 1991 für gescheitert. Zwei Jahre hatte die Geschäftsführung unter Dr. Michael Rogowski am Zustandekommen dieser Allianz gearbeitet, deren Scheitern nicht nur er als einen „strategisch herben Verlust" empfand. Auch wenn Voith in der Erklärung an die Presse seine Überzeugung zum Ausdruck brachte, das „erfolgreiche Wachstum aus eigener Kraft fortsetzen zu können", konnte sich niemand von der Sorge freimachen, daß Sulzer möglicherweise einen anderen Partner finden und damit gestärkt als unangenehmer Konkurrent direkt vor unserer Haustür, sprich in Ravensburg, auftreten könnte.

Im Mai 1991 erreichte der Familienstreit einen neuen Höhepunkt. In der Gesellschafterversammlung verweigerte der Stamm Hermann Voith der Geschäftsführung, dem Gesellschafterausschuß und dem Aufsichtsrat die Entlastung. Gleichzeitig forderte er die Rückgabe der dem Gesellschafterausschuß übertragenen Rechte an die Familie. Allerdings wäre dies nur mit qualifizierter Mehrheit möglich gewesen. Da jedoch der Stamm Hanns Voith an dem von Marcus Bierich, dem Vorsitzenden der Geschäftsführung der Robert Bosch GmbH, geführten Gremium unter Wahrung all seiner Rechte festhalten wollte, hatte diese Forderung keinerlei Konsequenzen. Allerdings war nicht mehr zu übersehen, daß der anhaltende Familienzwist das Ansehen des kerngesunden Unternehmens mittlerweile stark in Mitleidenschaft zog. Und so war es keine Überraschung, daß Dr. Rogowski in der Bilanzpressekonferenz erstmalig die Möglichkeit eines Rückzugs des Stammes Hermann Voith aus der Firma ansprach. Wer glaube, mit der gegenwärtigen Struktur nicht mehr leben zu können, so erklärte er, könne jederzeit entsprechende Konsequenzen ziehen.

Ende 1991 tauchten in der Presse denn auch erstmalig konkrete Informationen über eine Realteilung des Unternehmens auf. Und am 28. Februar 1992 war es schließlich amtlich. In einer Presseerklärung teilte das Unternehmen mit: „Die Gesellschafter der J.M. Voith GmbH Heidenheim haben im Einvernehmen mit Geschäftsführung und Gesellschafterausschuß beschlossen, das Unternehmen im Wege der Realteilung auf zwei Gesellschaften aufzuteilen. Die Voith-Finanzbeteiligung an der Deutschen Effecten und Wechsel-Beteiligungsgesellschaft AG (DEWB) und eine Beteiligung an der Stella Automobil-Beteiligungsgesellschaft mbH sowie die Sparte Werkzeugmaschinenbau werden vom Stamm Hermann Voith übernommen. Die operativen Kerngeschäfte Papiertechnik, Antriebstechnik und Strömungstechnik sowie die übrigen Finanzbeteiligungen werden bei der J.M. Voith GmbH liegen. Alle Anteile der J.M. Voith GmbH liegen danach beim Stamm Hanns Voith."

Nach mehr als dreijähriger heftiger Stammesfehde konnte sich die Geschäftsführung wieder voll auf ihre unternehmerischen Aufgaben konzentrieren. Insofern konnten alle Beteiligten erleichtert sein. Glücklich jedoch waren die meisten nicht. Aller Mahnungen Hanns Voiths zum Trotz hatte die vierte Generation nicht mehr zusammengehalten, das ihr zugefallene unternehmerische Erbe nicht mehr im Geiste gemeinsamer Verantwortung zu bewahren vermocht. Dies war nur wenige Monate vor dem 125jährigen Firmenjubiläum nicht nur für mich eine schmerzliche Erkenntnis. Wieder einmal hatte sich die Erfahrung bestätigt, daß Familien, je größer sie im Laufe von Generationen werden und je weiter sie sich innerlich von der geschäftlichen Realität ihrer Firma entfernen, eigene berufliche und private Interessen verfolgen. Wir haben dieser Gefahr durch eine Unternehmens-Verfassung vorzubeugen versucht, die unerwünschte Einflüsse aus dem Kreis der Erben gleichsam absorbierte und der Geschäftsführung einen größtmöglichen Handlungsspielraum bewahrte. Doch mußten wir erkennen, daß selbst die besten Verträge nicht viel wert sind, wenn sich die Menschen, die sie einmal abgeschlossen haben, nicht mehr verstehen.

Auch in der Öffentlichkeit wurde nicht übersehen, daß der Friedensschluß im Hause Voith teuer erkauft worden war. So kommentierte das „Handelsblatt" zu Recht: „Durch die Teilung sind dem Produktionsunternehmen Beteiligungen im Wert von mindestens einer Milliarde Mark entzogen worden. Es waren größtenteils Finanzbeteiligungen, die dem Unternehmen als Risikopolster gedient hatten..." Ähnlich sah die Ulmer „Südwest-Presse" die Abgabe der meisten unserer Finanzbeteiligungen an den weichenden Erbenstamm Hermann Voith: „Die Finanzanlagen spielten bei Voith seit jeher eine große Rolle. Das Unternehmen war deshalb auch schon als ‚Bank mit angeschlossener Maschinenfabrik' bezeichnet worden. Insbesondere der langjährige Vorsitzende der Voith-Geschäftsführung, Hugo Rupf, sah in den Finanzanlagen stets ein (ertrag-) stabilisierendes Element zum Ausgleich der starken Auftragsschwankungen im Papiermaschinenbau."

Viele einst bedeutende Familienunternehmen sind im Lauf der Zeit von anderen Gesellschaften geschluckt worden – Reemtsma, Grundig, Dornier, Flick, Klöckner & Co., Nixdorf, Otto Wolff. Ungelöste Nachfolgefragen, Familienstreitigkeiten, die im Vergleich zur Aktiengesellschaft eingeschränkten Möglichkeiten der Kapitalbeschaffung und der bei jedem Generationswechsel unausweichliche Aderlaß der Erbschaftssteuer stellen Familienfirmen immer wieder vor existenzbedrohende Probleme. Auch Voith wird sich in der Zukunft mit der Frage zu beschäftigen haben, ob seine Gesellschaftsstruktur noch die Gewähr für eine erfolgreiche Entwicklung bietet. Reicht die innere Kapitalbildung aus, um auch künftig das geplante Wachstum zu finanzieren? Kann eine Familie, zumal ohne prägende Unternehmerpersönlichkeit an der Spitze, auch weiterhin die alleinige Verantwortung tragen? Wenn nicht – wie könnte eine künftige Eigentümer- und Firmenstruktur aussehen: Gottlob zwang die Realteilung den verbliebenen Erbenstamm, den Gesellschafterausschuß und die Geschäftsführung nicht, diese für die langfristige Existenz des Unternehmens zentralen Fragen unter Zeitdruck anzugehen. Die „Scheidung" im Hause Voith hatte keine Situation geschaffen, die uns unter akuten Handlungszwang stellte.

15. Neue Herausforderungen

*Für Voith sind die Grenzen des Wachstums
noch in weiter Ferne*

Die Realteilung im Jahre 1992, die Abgabe von Vermö-
genswerten in Höhe von rund einer Milliarde Mark, gab
Geschäftsführung, Aufsichtsrat und Gesellschafterversammlung Anlaß zu einer kritischen Bilanz: Wie steht das
Unternehmen finanziell und strategisch da? Wie ist es für
die Zukunft mit ihren Unwägbarkeiten und Risiken gerüstet? Strategisch gesehen, hatte sich unsere Position
durch den Aderlaß nicht verschlechtert. Alle Kernaktivitä-
ten waren bei Voith geblieben. Die Auszahlung des Erben-
stammes Hermann Voith hatte uns sogar Gelegenheit gegeben, uns von einem Geschäftsfeld zu trennen, das schon
seit längerem nicht mehr Gegenstand unserer langfristigen Planung war: Mit dem Werkzeugmaschinenbau konnten wir uns von einer der zyklischsten Sparten verab-
schieden. Wie bereits an anderer Stelle ausgeführt, war
unsere Diversifikationspolitik vielmehr darauf gerichtet,
neue Bereiche zu erschließen, die sich durch mehr Stetigkeit als unsere Stammgebiete Papier- und Strömungstechnik mit ihren starken Auftragsschwankungen auszeich-
nen.

In finanzieller Hinsicht fiel unsere Bestandsaufnahme
natürlich weniger erfreulich aus. Wir hatten einen Groß-

teil unserer finanziellen Reserven eingebüßt, aber Gott sei Dank eben nicht alle. Wir sind wohl magerer geworden, aber keineswegs ausgeblutet. Es war immer noch ein gewisser Rahmen vorhanden, der inzwischen durch Gewinnthesaurierung sogar wieder erweitert werden konnte, um eine strategische Weiterentwicklung des Unternehmens zu ermöglichen, und zwar in allen drei Stammgeschäften und darüber hinaus.

Um mit der Papiertechnik anzufangen: Der Geschäftsleitung gelang es im Jahre 1994 nach jahrelangem Bemühen doch noch, die papiertechnischen Aktivitäten von Voith und Sulzer in einem Gemeinschaftsunternehmen unter Voiths Führung zusammenzufassen. Ein bedeutsamer Schritt zur Stärkung unserer Marktstellung als – neben Valmet – weltweit führender Anbieter. Trotz der zunehmenden Computerisierung aller Lebensbereiche wird der Papierverbrauch auch in Zukunft weiter wachsen. Vor allem in den Entwicklungs- und Schwellenländern besteht noch ein großer Nachholbedarf. Verbraucht ein Amerikaner heute jährlich im Durchschnitt bereits 320 Kilo Papier, so kommen auf einen Chinesen gerade einmal 25 Kilo. Schon eine Steigerung um nur ein Kilo pro Kopf der chinesischen Bevölkerung würde die Aufstellung von 30 neuen Papiermaschinen mit einer Fertigungskapazität von jeweils hundert Tagestonnen erforderlich machen. Ähnlich liegen die Verhältnisse in Indien. Unsere Strategie ist daher auf das Ziel gerichtet, über unsere geographischen Schwerpunkte Europa, Nordamerika und Südamerika hinaus vor allem in den südostasiatischen Wachstumsregionen noch stärker präsent zu sein. Erste Schritte, etwa durch den Aufbau von mehreren Gemeinschaftsunternehmen sowie von Vertriebs- und Servicegesellschaften, wurden bereits getan.

Auch technisch sind unsere Möglichkeiten noch längst nicht erschöpft. Die bei Voith derzeit entwickelte „Papiermaschine 2000" wird uns sowohl im Hinblick auf Qualität als auch auf Arbeitsgeschwindigkeit in ganz neue Dimensionen führen. Schließlich ist es der Geschäftsleitung gelungen, das Service- und Komponentengeschäft deutlich auszubauen. Dazu trug neben der Einbindung der Sulzer Papiertechnik maßgeblich der Erwerb der papiertechnischen Aktivitäten der Firma Scapa im Jahre 1999 bei.

Ähnlich günstig wie in der Papiertechnik stellen sich unsere Perspektiven in der Strömungstechnik dar. Gerade in den Regionen mit dem stärksten Bevölkerungswachstum liegen die größten noch unerschlossenen Wasservorkommen. In Asien, Südamerika und Afrika befinden sich rund 60 Prozent des wirtschaftlich ausbaubaren Wasserkraftpotentials. Doch wird diese Wasserkraft erst zu 15 Prozent genutzt. Der Energiebedarf in diesen Regionen wird in den nächsten Jahrzehnten im Gleichschritt mit dem Aufbau der Industrie und der weiteren Zunahme der Bevölkerung nach allen Prognosen erheblich wachsen. Auch hier spielt China eine Schlüsselrolle. Das Reich der Mitte mit seinen über einer Milliarde Menschen verfügt über riesige, für die Energiegewinnung nutzbaren Wasserreserven. An zahlreichen Projekten, so auch an dem Großprojekt „3 Schluchten" ist Voith beteiligt. Um langfristig auf diesem großen, aber auch schwierigen Markt zu bestehen, wurde in Shanghai ein Gemeinschaftsunternehmen gegründet und eine Produktion von Kraftwerksausrüstungen vor Ort aufgebaut.

In einem Land wie Deutschland, in dem Laufwasser- und Pumpspeicher-Kraftwerke noch nicht einmal mit fünf Prozent zur Stromerzeugung beitragen, wird die Bedeutung der Wasserkraft für die Gewinnung von Energie auf der Welt vielleicht unterschätzt. Auf die gesamte Europäische Union bezogen, liegt dieser Anteil immerhin bei fast zehn Prozent, weltweit sogar bei etwa 20 Prozent. In einer Zeit, in der die Schonung der Umwelt energiepolitisch eine sehr viel größere Rolle als früher spielt, empfiehlt sich die Nutzung der Wasserkraft als ökologisch besonders verträgliche Form der Elektrizitätserzeugung. Bei der maschinellen Ausrüstung für Wasserkraftanlagen kann Voith mit einem kompletten Produktprogramm aufwarten.

Ein entscheidender Schritt zur Zukunftssicherung unseres Wasserkraftgeschäfts gelang der Geschäftsleitung mit der Zusammenfassung aller wasserkrafttechnischen Aktivitäten von Siemens und Voith in einem Gemeinschaftsunternehmen, das im Jahre 2000 seinen Betrieb aufnehmen wird. Dieses unter Voith-Führung stehende Unternehmen Voith Siemens Hydro Power Generation wird einer der weltweit bedeutendsten Komplettanbieter von Wasserkraftanlagen aller Art und zugehörigen Dienstleistungen sein.

Mit guter Zuversicht können wir auch auf unserem dritten Geschäftsfeld, der Antriebstechnik, in die Zukunft blicken. Dadurch, daß wir auf diesem Gebiet in vielen interessanten Marktnischen eine führende Stellung einnehmen, sind wir gegen große konjunkturelle Einbrüche geschützter als andere, auf zyklisch reagierende Volumenmärkte konzentrierte Wettbewerber. Wir sind in der industriellen Antriebstechnik mit vielen Produkten ebenso zu Hause wie in der Fahrzeugantriebstechnik mit Komponenten und Getrieben für Schienen- und Straßenfahrzeuge insbesondere des öffentlichen Nahverkehrs. Hier werden sich technologisch führenden Anbietern auch künftig große Absatzmöglichkeiten bieten. So arbeitet Voith an neuen Antriebskonzepten auch auf elektrischer Basis. Daneben konnten die vorhandenen Geschäftsfelder durch verschiedene Akquisitionen abgerundet und ausgeweitet werden. Ein besonderer Erfolg war der Erwerb des Weltmarktführers für Schienenfahrzeugkupplungen, die Firma Scharfenberg im Jahre 1998.

Des weiteren sieht es so aus, als könne Voith sein Engagement auch außerhalb der traditionellen Geschäftsfelder erfolgreich ausbauen. Durch meine engen Verbindungen zu Salamander und dessen langjährigem Vorstandsvorsitzenden Franz Josef Dazert gelang es vor vielen Jahren, gemeinsam das namhafte Dienstleistungsunternehmen DIW Deutsche Industriewartung AG zu übernehmen. Nachdem Salamander inzwischen sein Portfolio neu geordnet hat, eröffnet sich für Voith die Möglichkeit, seine Beteiligung an DIW auszubauen und die unternehmerische Führung auszuüben. Dieser Schritt wird unter anderem dazu führen, daß Voith alles in allem 50% seines Umsatzes mit Serviceleistungen erbringen kann, die wesentlich weniger anfällig sind gegenüber konjunkturellen Schwankungen als das Ausrüstungs- und Anlagengeschäft.

All dies, das langfristigen Werten verpflichtete, auf Wahrung der Unabhängigkeit bedachte Familienunternehmen, das gewachsene Vertrauen unserer Kunden, das breite, sich gut ergänzende Produkt- und Serviceprogramm, die hohe Innovationskraft, die globale Marktpräsenz und nicht zuletzt auch das internationale Wertschöpfungsnetzwerk haben die Stabilität unseres Unternehmens wesentlich gestärkt. Voith ist für die Herausforderungen und Chancen der Zukunft gut gerüstet. Der Geschäftsleitung und allen Voithianern gilt mein besonderer Dank für diese außergewöhnliche Leistung.

Nachwort

Die vorliegende Biographie von Hugo Rupf beschreibt das Leben und Wirken eines außergewöhnlichen Mannes. Hugo Rupf sagte oft, er habe Glück gehabt im Leben. Das Glück von Hugo Rupf war das Glück für Voith.

Im Vorwort zu diesem Buch schreibt Martina Mann: „Er bestimmte den Ton für seine Nachfolger." Ja, Hugo Rupf prägte das Unternehmen und seine Mitarbeiter.

Er schuf gemeinsam mit den Gesellschaftern die noch heute tragfähige Struktur des traditionsreichen Familienunternehmens. Er lebte die Werte, die ein Friedrich Voith und seine Söhne Walther, Hermann und Hanns prägten, und gab dieses Wertebewußtsein an uns weiter. Er hinterließ uns ein solides finanzielles Fundament, das auch in schwierigen Zeiten Garant für Stabilität war und ist. Er lehrte uns den Umgang mit Risiken und schenkte uns in hohem Maße Vertrauen. Er schenkte uns im Konzern-Vorstand seine väterliche Freundschaft, das Schönste was den Nachfolgern dieses beeindruckenden Menschen und großen Unternehmers zuteil werden konnte.

In seinem Geiste das Familienunternehmen Voith fortzuführen und weiterzuentwickeln ist unsere Verpflichtung, die Verpflichtung aller Voithianer – eine herausfordernde und schöne Aufgabe zugleich.

Dr. Michael Rogowski
Vorsitzender des Gesellschafterausschusses und des Aufsichtsrates der J. M. Voith Aktiengesellschaft.

Personenregister